中華古籍保護計劃

ZHONG HUA GU JI BAO HU JI HUA CHENG GUO

·成果·

（漢）劉向 撰

宋本説苑

第一册

國家圖書館出版社

圖書在版編目(CIP)數據

宋本説苑:全五册 / (漢)劉向撰.-- 北京:國家圖書館出版社,2017.10

(國學基本典籍叢刊)

ISBN 978－7－5013－6199－1

Ⅰ.①宋… Ⅱ.①劉… Ⅲ.①小説集—中國—西漢時代 Ⅳ.①I242.1

中國版本圖書館 CIP 數據核字(2017)第 195708 號

書　　名　宋本説苑(全五册)
著　　者　(漢)劉向　撰
責任編輯　靳　諾
封面設計　徐新狀

出　　版　國家圖書館出版社(100034　北京市西城區文津街 7 號)
　　　　　(原書目文獻出版社　北京圖書館出版社)
發　　行　010－66114536　66126153　66151313　66175620
　　　　　66121706(傳真)　66126156(門市部)
E－mail　nlcpress@nlc.cn(郵購)
Website　www.nlcpress.com→投稿中心
經　　銷　新華書店
印　　裝　河北三河弘翰印務有限公司
版　　次　2017 年 10 月第 1 版　2017 年 10 月第 1 次印刷

開　　本　880×1230(毫米)　1/32
印　　張　28.5

書　　號　ISBN 978－7－5013－6199－1
定　　價　100.00 圓

《國學基本典籍叢刊》編委會

《國學基本典籍叢刊》前言

國家圖書館出版社（原書目文獻出版社 北京圖書館出版社）成立三十多年來，出版了大量的中國傳統文化典籍。由於這些典籍的出版往往採用叢書的方式或綫裝形式，供公共圖書館和大學圖書館典藏使用，普通讀者因價格較高、部頭較大，不易購買使用。爲弘揚優秀傳統文化，滿足廣大普通讀者的需求，現將經、史、子、集各部的常用典籍，選擇善本，分輯陸續出版單行本。每書之前均加簡要説明，必要者加編目録和索引，總名《國學基本典籍叢刊》。歡迎讀者提出寶貴意見和建議，以使這項工作逐步完善。

國家圖書館出版社

二〇一六年四月

序　言

《説苑》二十卷，漢劉向撰，宋咸淳元年（一二六五）鎮江府學刻元明遞修本，卷八至十三配清道光三年（一八二三）黄氏士禮居抄本。黄丕烈校並跋、顧廣圻跋。

劉向（前七七—前六），字子政，原名更生。漢高祖弟楚元王劉交之四世孫。歷宣帝、元帝、成帝，官散騎諫大夫、中郎、光禄大夫。河平三年（前二六）受詔領校秘府所藏經傳諸子詩賦，每一書已，向輒條其篇目，撮其指意，録而奏之。後又別集衆録，謂之《別録》。劉向所撰敘録今完整保存者僅七篇，尚存的《説苑敘録》即刊於此書卷一之首。

《説苑》的成書年代，據宋王應麟《玉海》卷五十五及《玉海》附刊《漢書藝文志考證》卷五所記爲『鴻嘉四年三月己亥上』，《玉海》所引《中興書目·雜家》也説『漢鴻嘉四年劉向撰』；又，《漢書·藝文志》説：『劉向所序六十七篇。《新序》《説苑》《世説》《列女傳頌圖》也。』以《説苑》成書在《新序》之後（《新序》成於陽朔元年，即前二四），則定爲鴻嘉四年（前一七），亦與《漢志》合。此本卷一次行記『鴻嘉四年三月己亥護左都水使者光禄大夫臣劉向上』，正爲劉向著書體例。黄丕烈跋曰：『劉向所著《新序》《説苑》於次行必記年號、官銜，如《新序》曰陽朔某年，此《説苑》曰鴻嘉某年是也，除宋刻外，無有如此標題者。』

《説苑》原本二十篇，到北宋初編定《崇文總目》時『僅存五篇，餘皆亡』，曾鞏『從士大夫間得之者十有五篇，與舊爲二十篇』，並正其脱謬，疑者闕之，遂成今傳本之體制。此本卷二十末刻有胡達之、徐沂銜名二行，並有『咸淳乙丑九月迪功郎特差充鎮江府府學教授李士龍命工重刊』一行。咸淳乙丑即咸淳元年（一二六五），可知此本刻於該年。此本因有補版，避諱情況較爲複雜。書中夾有浮簽若干，爲黄丕烈校記，所參校之本包括『宋廿二行本』『吴槎客本』『蔣本』等；故睹此本可得諸宋本之舊文。

書中還鈐有『稽瑞樓』『文端公遺書』『翁同龢印』『翁斌孫印』等印記近十枚。結合黄丕烈跋語來看，此書曾經顧之逵（顧廣圻從兄）、黄丕烈、陳氏稽瑞樓、翁同龢父子等名家收藏；終由翁斌孫（翁同龢嗣孫）捐入國家圖書館。

今國家圖書館出版社將此書列入《國學基本典籍叢刊》影印出版，定價低廉，誠望有俾於讀者。

張燕婴

二〇一七年五月

總目録

第一册

第二册

第三册

第四册

第五册

第一册目録

據國家圖書館藏宋咸淳元年（一二六五）鎮江府學刻元明遞修本影印原書版框高二十厘米寬十五點七厘米

第廿七号
說苑上冊
宋刻本

劉向所序說苑二十篇崇文總目云今存者五
篇餘皆亡臣從士大夫間得之者十有五篇與
舊爲二十五篇正其脫謬疑者闕之而叙其篇目
曰向采傳記百家所載行事之迹以爲此書奏
之欲以爲法戒然其所取或有不當於理故不
得而不論也夫學者之於道非知其大略之難
也知其精微之際固難矣孔子之徒三千其顯
者七十二人皆高世之材也然獨稱顏氏之子
其殆庶幾乎及回死又以爲無好學者而回亦

稱夫子曰仰之彌高鑽之彌堅子貢又以謂夫子言性與天道不可得而聞也則其精微之際固難知久矣是以取舍不能無失於其間也故曰學然後知不足豈虛言哉向之學博矣其著書及建言尤欲有爲於世忘其枉已而爲之者有矣何其徇物者多而自爲者少也蓋古之聖賢非不欲有爲也然而曰求之有道得之有命故孔子所至之邦必聞其政而子貢以謂非夫子之求之也豈不求之者道哉子曰道之將

行也歟命也道之將廢也歟命也豈不得之有
命哉今向知出此安於行止以彼其志能擇其
所學以盡乎精微則其所至未可量也是以夫
子稱古之學者爲己孟子稱君子欲其自得之
自得之則取諸左右逢其原豈汲汲於外哉向
之得失如此亦學者之戒也故見之敘論令讀
其書者知考而擇之也然向數困於讒而不改
其操與夫患失者異矣可謂有志者也編校書
籍臣曾鞏上

劉向說苑

護左都水使者光禄大夫臣向言所校中書說苑雜事及臣向書民間書誣校讎其事類衆多章句相溷或上下謬亂難分別次序除去與新序復重者其餘者淺薄不中義理別集以爲百家後令以類相從一一條別篇目更以造新事十萬言以上凡二十篇七百八十四章號曰新苑皆可觀臣向昧死

卷第一　君道　卷第二　臣術

說苑卷第一

鴻嘉四年三月己亥護左都水使者光祿大夫臣劉向上

君道

晉平公問於師曠曰人君之道如何對曰人君之道清淨無爲務在博愛趨在任賢廣開耳目以察萬方不固溺於流俗不拘繫於左右廓然遠見踔然獨立屢省考績以臨臣下此人君之操也平公曰善

齊宣王謂尹文曰人君之事何如尹文對曰人

君之事無為而能容下夫事寡易從法省易因故民不以政獲罪也大道容衆大德容下聖人寡為而天下理矣書曰睿作聖詩人曰岐有夷之行子孫其保之宣王曰善

成王封伯禽為魯公召而告之曰爾知為人上之道乎凡處尊位者必以敬下順德規諫必開不諱之門蹲節安靜以藉之諫者勿振以威毋格其言博采其辭乃擇可觀夫有文無武無以威下有武無文民畏不親文武俱行威德乃成

說苑卷第一

鴻嘉四年三月己亥護左都水使者光禄大夫臣劉向上

君道

晉平公問於師曠曰人君之道如何對曰人君之道清淨無爲務在博愛趨在任賢廣開耳目以察萬方不固溺於流俗不拘繫於左右廓然遠見踔然獨立屢省考績以臨臣下此人君之操也平公曰善

齊宣王謂尹文曰人君之事何如尹文對曰人

卷一ノ葉後ニリ
睿　睿

卷一ノ葉後ナリ
蹲　其樸者　蹲　蹲
東本ニリ　蹲

㬎易從法省易因
柔大德容下聖人
聖詩人曰岐有夷

之曰爾知爲人上
下順德規諫必開
諫者勿振以威毋
夫有文無武無以
武俱行威德乃成

既成咸德民親以服清白上通巧佞下塞諫者
得進忠信乃畜伯禽再拜受命而辭
陳靈公行僻而言失泄冶曰陳其亡矣吾驟諫
君君不吾聽而愈失威儀夫上之化下猶風靡
草東風則草靡而西西風則草靡而東在風所
由而草為之靡是故人君之動不可不慎也夫
樹曲木者惡得直影人君不直其行不敬其言
者未有能保帝王之號垂顯令之名者也易曰
夫君子居其室出其言善則千里之外應之況

其邇者乎居其室出其言不善則千里之外違之況其邇者乎言出於身加於民行發乎邇見乎遠言行君子之樞機樞機之發榮辱之主君子之所以動天地可不慎乎天地動而萬物變化詩曰慎尔出話敬尔威儀無不柔嘉此之謂也今君不是之慎而縱恣焉不亡必弑靈公聞之以泄冶為妖言而殺之後果弑於徵舒

魯哀公問於孔子曰吾聞君子不博有之乎孔子對曰有之哀公曰何為其不博也孔子對曰

巻一　二葉面より
影　脩本影、宗本ニり本影

通巧佞下塞諫者
命而辭
陳其亡矣吾驟諫
上之化下猶風靡
草靡而東在風所
動不可不慎也夫
直其行不敬其言
號令之名者也易曰
千里之外應之況

善則千里之外違
於民行發乎邇見
之發榮辱之主君
天地動而萬物變
無不柔嘉此之謂
不亡必弑靈公聞
果弑於徵舒
子不慱有之乎孔
不慱也孔子對曰

爲其有二乘哀公曰有二乘則何爲不博也孔子對曰爲行惡道也哀公懼焉有間曰若是乎君子之惡惡道之甚也孔子對曰惡惡道不能甚則其好善道亦不能甚好善道不能甚則百姓之親之也亦不能甚詩云未見君子憂心惙惙亦既見止亦既覯止我心則悅詩之好善道之甚也如此哀公曰善哉吾聞君子成人之美不成人之惡微孔子吾焉聞斯言也哉

河間獻王曰堯存心於天下加志於窮民痛萬

姓之罹罪憂衆生之不遂也有一民飢則曰此我饑之也有一人寒則曰此我寒之也一民有罪則曰此我陷之也仁昭而義立德博而化廣故不賞而民勸不罰而民治先恕而後教是堯道也當舜之時有苗氏不服其所以不服者大山在其南殿山在其北左洞庭之波右彭蠡之川因此險也所以不服禹欲伐之舜不許曰諭教猶未竭也究諭教焉而有苗氏請服天下聞之皆非禹之義而歸舜之德

卷一 三葉五行以り 悅
宋廿二行大十悅

則何爲不博也孔
焉有聞曰若是乎
對曰惡惡道不能
善道不能甚則百
未見君子憂心惙
則悅詩之好善道
聞君子成人之美
斯言也哉
加志於窮民痛萬

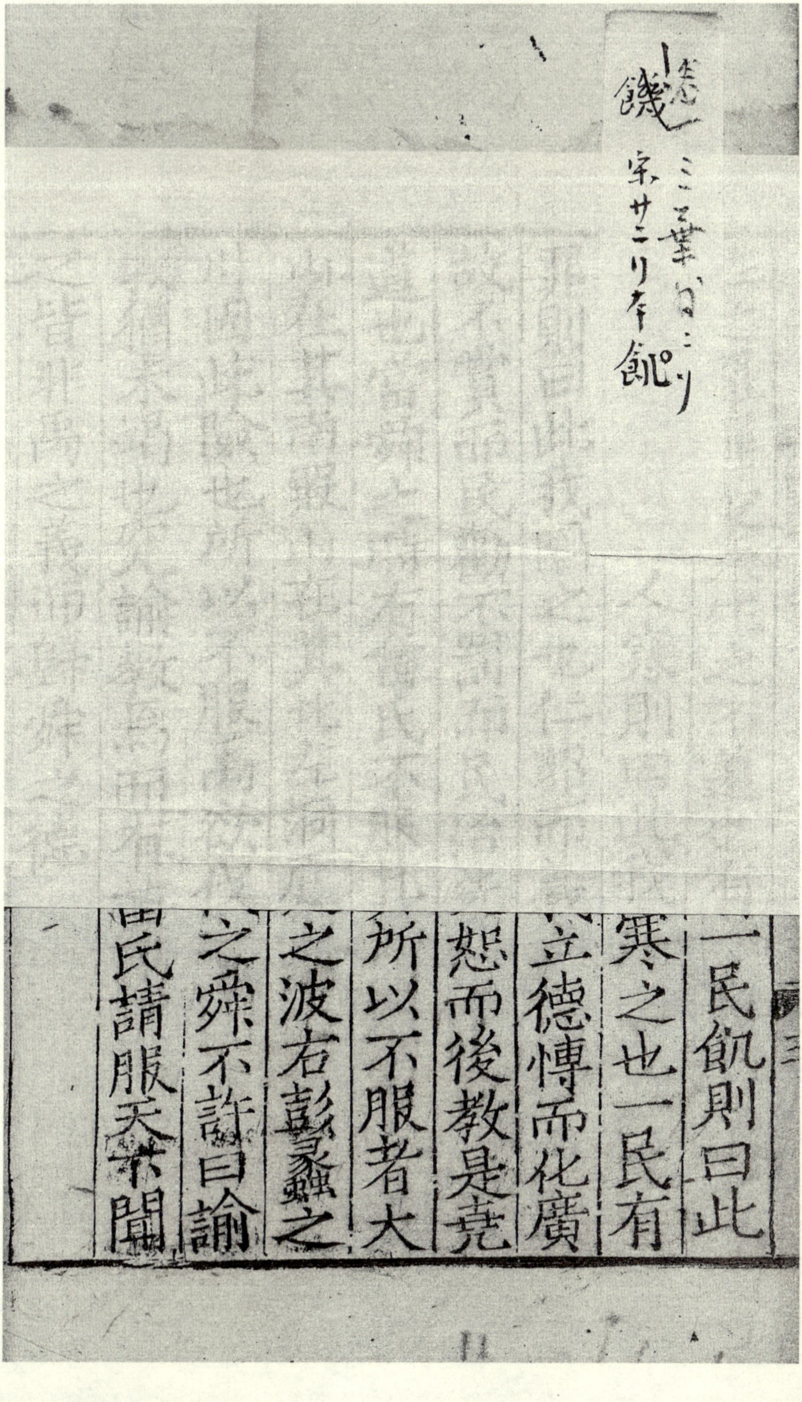

一民飢則曰此
寒之也一民有
立德傳而化廣
恕而後教是堯
所以不服者大
之波右彭蠡之
之舜不許曰諭
民請服天

周公踐天子之位布德施惠遠而逾明十二牧方三人出舉遠方之民有饑寒而不得衣食者有獄訟而失職者有賢才而不舉者以入告乎天子天子於其君之朝也揖而進之曰意朕之政教有不得者與何其所臨之民有饑寒不得衣食者有獄訟而失職者有賢才而不舉者也其君歸也乃召其國大夫告用天子之言百姓聞之皆喜曰此誠天子也何居之深遠而見我之明也豈可欺哉故牧者所以辟四門明四目

達四聰也是以近者親之遠者安之詩曰柔遠能邇以定我王此之謂矣河間獻王曰禹稱民無食則我不能使也功成而不利於人則我不能勸也故疏河以導之鑿江通於九派灑五湖而定東海民亦勞矣然而不怨苦者利歸於民也

禹出見罪人下車問而泣之左右曰夫罪人不順道故使然焉君王何爲痛之至於此也禹曰堯舜之人皆以堯舜之心爲心今寡人爲君也

巻ニつ業前ニり　毛り
饑　宋せこり本ナ飢

臣而逾明十二牧
寒而不得衣食者
不舉者以入告乎
而進之曰意朕之
民有饑寒不得
賢才而不舉者也
則天子之言百姓
君之深遠而見我
四辟四門明四目

遠者安之詩曰柔遠
河間獻王曰禹稱民
無不利於人則我不
江通於九派灑五湖
而不怨昔者利歸於

之左右曰夫衆人不
痛之至於此也禹曰
怨今寡人爲君也

百姓各自以其心爲心是以痛之也書曰百姓
有罪在予一人
虞人與芮人質其成於文王入文王之境則見
其人民之讓爲士大夫入其國則見其士大夫
讓爲公卿二國者相謂曰其人民讓爲士大夫
其士大夫讓爲公卿然則此其君亦讓以天下
而不居矣二國者未見文王之身而讓其所爭
以爲閑田而反孔子曰大哉文王之道乎其不
可加矣不動而變無爲而成敬慎恭己而虞芮

自平故書曰惟文王之敬忌此之謂也
成王與唐叔虞燕居剪梧桐葉以爲珪而授唐
叔虞曰余以此封汝唐叔虞喜以告周公周公
以請曰天子封虞耶成王曰余一與虞戲也周
公對曰臣聞之天子無戲言言則史書之工誦
之士稱之於是遂封唐叔虞於晉周公旦可謂
善說矣一稱而成王益重言明愛弟之義有輔
王室之固當堯之時舜爲司徒契爲司馬禹爲
司空后稷爲田疇夔爲樂正倕爲工師伯夷爲

百姓各自以其心爲心是以痛之也書曰百姓有罪在予一人

虞人與芮人質其成於文王入文王之境則見其人民之讓爲士大夫入其國則見其士大夫讓爲公卿二國者相謂曰其人民讓爲士大夫其士大夫讓爲公卿然則此其君亦讓以天下而不居矣二國者未見文王之身而讓其所爭以爲閑田而反孔子曰大哉文王之道乎其不可加矣不動而變無爲而成敬慎恭已而虞芮

三百九

之謂也

㮚以爲珪而授唐

告以告周公周公

一與虞戲也周

則史書之工誦

於晉周公旦可謂

愛弟之義有輔

從棄爲司馬禹爲

倕爲工師伯夷爲

秩宗皐陶爲大理益掌歐禽堯體力便巧不能
爲一焉堯爲君而九子爲臣其何故也堯知九
職之事使九子者各受其事皆勝其任以成九
功堯遂成厥功以王天下是故知人者主道也
知事者臣道也主道知人臣道知事毋亂舊法
而天下治矣
湯問伊尹曰三公九卿二十七大夫八十一元士
知之有道乎伊尹對曰昔者堯見人而知舜任
人然後知禹以成功舉之夫三君之舉賢皆異

道而成功然尚有失者况無法度而任己直意
用人必大失矣故君使臣自貢其能則萬一之
不失矣王者何以選賢夫王者得賢材以自輔
然後治也雖有堯舜之明而股肱不備則主恩
不流化澤不行故明君在上慎於擇士務於求
賢設四佐以自輔有英俊以治官尊其爵重其
祿賢者進以顯榮罷者退而勞力是以主無遺
憂下無邪慝百官能治臣下樂職恩流群生潤
澤草木昔者虞舜左禹右皋陶不下堂而天下

□體力便巧不能
其何故也堯知九
皆勝其任以成九
故知人者主道也
道知事毋亂舊法

大夫八十一元士
堯見人而知舜任
三君之舉賢皆異

道而成功然尚有失者况無法度而任己直意
用人必大失矣故君使臣自貢其能則萬一之
不失矣王者何以選賢夫王者得賢材以自輔
然後治也雖有堯舜之明而股肱不備則主恩
不流化澤不行故明君在上慎於擇士務於求
賢設四佐以自輔有英俊以治官尊其爵重其
祿賢者進以顯榮罷者退而勞力是以主無遺
憂下無邪慝百官能治臣下樂職恩流群生潤
澤草木昔者虞舜左禹右皋陶不下堂而天下

治此使能之効也
武王問太公曰舉賢而以危亡者何也太公曰舉賢而不用是有舉賢之名而不得眞賢之實也武王曰其失安在太公望曰其失在君好用小善而已不得眞賢也武王曰好用小善者何如太公曰君好聽譽而不惡讒也以非賢爲賢以非善爲善以非忠爲忠以非信爲信其君以譽爲功以毀爲罪有功者不賞有罪者不罰多黨者進少黨者退是以群臣比周而蔽賢百吏

羣黨而多姦忠臣以誹死於無罪邪臣以譽賞
於無功其國見於危亡武王曰善吾今日聞誹
譽之情矣

武王問太公曰得賢敬士或不能以爲治者何
也太公對曰不能獨斷以人言斷者殃也武王
曰何爲以人言斷太公對曰不能定所去以人
言去不能定所取以人言取不能定所爲以人
言爲不能定所罰以人言罰不能定所賞以人
言賞賢者不必用不肖者不必退而士不必敬

治此使能之効也

武王問太公曰舉賢而以危亡者何也太公曰舉賢而不用是有舉賢之名而不得眞賢之實也武王曰其失安在太公望曰其失在君好用小善而已不得眞賢也武王曰好用小善者何如太公曰君好聽譽而不惡讒也以非賢爲賢以非善爲善以非忠爲忠以非信爲信其君以譽爲功以毀爲罪有功者不賞有罪者不罰多黨者進少黨者退是以群臣比周而蔽賢百吏

無罪邪臣以譽賞
曰善吾今日聞誹

不能以爲治者何
言斷者姎也武王
不能定所去以人
不能定所爲以人
不能定所賞以人
必退而士不必敬

武王曰善其爲國何如太公對曰其爲人惡聞
其情而喜聞人之情惡聞其惡而喜聞人之惡
是以不必治也武王曰善

齊桓公問於甯戚曰莞子今年老矣爲弃寡人
而就世也吾恐法令不行人多失職百姓疾怨
國多盜賊吾何如而便姦邪不起民足衣食乎
甯戚對曰要在得賢而任之桓公曰得賢奈何
甯戚對曰開其道路察而用之尊其位重其禄
顯其名則天下之土騷然舉足而至矣桓公曰

旣以舉賢士而用之矣徵夫子幸而臨之則未有布衣屈奇之士踵門而求見寡人者寗戚對曰是君察之不明舉之不顯而用之疑官之卑禄之薄也且夫國之所以不得士者有五阻焉王不好士謟諛在傍一阻也言便事者未嘗見用二阻也壅塞掩蔽必因近習然後見察三阻也訊獄詰窮其辭以法過之四阻也執事適欲擅國權命五阻也去此五阻則豪俊並興賢智來處五阻不去則上蔽吏民之情下塞賢士之

巻一八葉ニウ九り
土校士 擬宋廿二り本

巻一八葉のり
莞校莞 便校使 いり 皆擬宋廿二り本

對曰其爲人惡聞
惡而喜聞人之惡

年老矣爲弃寡人
多失職百姓疾怨
不起民足衣食乎
桓公曰得賢奈何
之尊其位重其祿
足而至矣桓公曰

卷一八葉b二行
徽 校 徽 擬宋廿二行本

卷一八葉b二行
宋校 校 籍 擬宋廿二行本 仝

卷一八葉b五行
傍 蔣本旁 宋廿二行本旁

卷一八葉b七行
檀 宋廿二行本 檀

夫子幸而臨之則未
嘗見寡人者寗戚對
纃而用之疑官之卑
不得士者有五阻焉
也言便事者未嘗見
返習然後見察三阻
之四阻也執事適欲
阻則豪俊並興賢智
民之情下塞賢士之

路是故明王聖主之治若夫江海無不受故長
爲百川之主明王聖君無不容故安樂而長久
因此觀之則安主利人者非獨一士也桓公曰
善吾將著夫五阻以爲戒本也
齊景公問於晏子曰寡人欲從夫子而善齊國
之政對曰嬰聞之國具官而后政可善景公作
色曰齊國雖小則何爲不具官乎對曰此非臣
之所復也昔先君桓公身體墮懈辭令不給則
隰朋侍左右多過刑罰不中則弦章侍居處肆

縱左右懾畏則東郭牙待田野不修人民不安則甯戚待軍吏怠戎士偷則王子成父待德義不中信行衰微則筦子待先君能以人之長續其短以人之厚補其薄是以辭令窮遠而不逆兵加於有罪而不頓是故諸侯朝其德而天子致其胙今君之失多矣未有一士以聞者也故曰未具景公曰善吾聞高繚與夫人游寡人請見之晏子曰臣聞爲地戰者不能成王爲祿仕者不能成政若高繚與嬰爲兄弟久矣未嘗干

嬰之過補嬰之闕特祿仕之臣也何足以補君
燕昭王問於郭隗曰寡人地狹人寡齊人削取
八城匈奴驅馳樓煩之下以孤之不肖得承宗
廟恐危社稷存之有道乎郭隗曰有然恐王之
不能用也昭王避席願請聞之郭隗曰帝者之
臣其名臣也其實師也王者之臣其名臣也其
實友也霸者之臣其名臣也其實賓也危國之
臣其名臣也其實虜也今王將東面目指氣使
以求臣則廝役之材至矣南面聽朝不失揖讓

之禮以求臣則人臣之材至矣西面等禮相亢
下之以色不乘勢以求臣則朋友之材至矣北
面拘指逡巡而退以求臣則師傅之材至矣如
此則上可以王下可以覇唯王擇焉燕王曰寡
人願學而無師郭隗曰王誠欲興道隗請為天
下之士開路於是燕王常置郭隗上坐南面居
三年蘇子聞之從周歸燕鄒衍聞之從齊歸燕
樂毅聞之從趙歸燕屈景聞之從楚歸燕四子
畢至果以弱燕并強齊夫燕齊非均權敵戰之

也何足以補君
狹人寡齊人削取
然孤之不肖得承宗
郭隗曰有然燕王之
聞之郭隗曰帝者之
者之臣其名臣也其
也其實賓也危國之
主將東面目指氣使
南面聽朝不失揖讓

之禮以求臣則人臣之材至矣西面等禮相亢
下之以色不乘勢以求臣則朋友之材至矣北
面拘指逡巡而退以求臣則師傅之材至矣如
此則上可以王下可以霸唯王擇焉燕王曰寡
人願學而無師郭隗曰王誠欲興道隗請為天
下之士開路於是燕王常置郭隗上坐南面居
三年蘇子聞之從周歸燕鄒衍聞之從齊歸燕
樂毅聞之從趙歸燕屈景聞之從楚歸燕四子
畢至果以弱燕并強齊夫燕齊非均權敵戰之

國也所以然者四子之力也詩曰濟濟多[illegible]
王以寧此之謂也
楚莊王既服鄭伯敗晉師將[illegible][illegible]會[illegible]言而不
當莊王歸過申侯之邑申侯進飯日中而王不
食申侯請罪莊王喟然歎曰吾聞之其君賢者
也而又有師者王其君中君也而又有師者霸
其君下君也而群臣又莫若君者亡今我下君
也而群臣又莫若不穀不穀恐亡且世不絕聖
國不絕賢天下有賢而我獨不得若吾生者何

以食爲甚戰服大國義從諸侯威愛忍聖知
不在乎身自惜不肖思得賢佐日中忘飯可謂
明君矣
明主者有三懼一曰處尊位而恐不聞其過二
曰得意而恐驕三曰聞天下之至言而恐不能
行何以識其然也越王句踐與吴人戰大敗之
兼有九夷當是時也南面而立近臣三遠臣五
令群臣曰聞吾過而不告者其罪刑此處尊位
而恐不聞其過者也昔者晉文公與楚人戰大

卷一十一葉 一り二り
濟多士文 三り第子重三
可り莊 宗廿二り幸莊 下同

曰濟[illegible]
童一言而不
豈飯日中而王不
吾聞之昔者吾尊者
世而又有師者霸
君者亡今我下君
恐亡且世不絕聖
不得善吾生者何

以食爲甚戰服大國義從諸侯戚然憂恐聖知
不在乎身自惜不肯忌得賢佐日中忘飯可謂
明君矣
明主者有三懼一曰處尊位而恐不聞其過二
曰得意而恐驕[illegible]三曰聞天下之至言而恐不能
行何以識其然也[illegible]越王勾踐與吳人戰大敗之
兼有九夷當是時也南面而立近臣三遠臣五
令群臣曰聞吾過[illegible]者其罪刑此處尊位
而恐不聞其過者也[illegible]文公與楚人戰大

勝之燒其軍火三日不滅文公退而有憂色侍者曰君大勝楚今有憂色何也文公曰吾聞能以戰勝而安者其唯聖人乎若夫詐勝之徒未嘗不危也吾是以憂此得意而恐驕也昔齊桓公得甯仲隰朋辯其言說其義正月之朝令具太牢進之先祖桓公西面而立甯仲隰朋東面而立桓公賛曰自吾得聽二子之言吾目加明耳加聰不敢獨擅願薦之先祖此天下之至言而恐不能行者也

齊景公出獵上山見虎下澤見虵歸召晏子而
問之曰今日寡人出獵上山則見虎下澤則見
虵殆所謂之不祥也晏子曰國有三不祥是不
與焉夫有賢而不知一不祥知而不用二不祥
用而不任三不祥也所謂不祥乃若此者也今
上山見虎虎之室也下澤見虵虵之穴也如虎
之室如虵之穴而見之曷爲不祥也

楚莊王好獵大夫諫曰晉楚敵國也楚不謀晉
晉必謀楚今王無乃眈於樂乎王曰吾獵將以

卷一 十二葉 ハリ

此天下 宋廿二行本十多聞字

公退而有憂色侍

也文公曰吾聞能

若夫詐勝之徒未

而恐驕也昔齊桓

義正月之朝令具

立堯仲陽朋東面

子之言吾目加明

祖此天下之至言

齊景公出獵上山見虎下澤見蛇歸召晏子而問之曰今日寡人出獵上山則見虎下澤則見蛇殆所謂之不祥也晏子曰國有三不祥是不與焉夫有賢而不知一不祥知而不用二不祥用而不任三不祥也所謂不祥乃若此者也今上山見虎虎之室也下澤見蛇蛇之穴也如虎之室如蛇之穴而見之曷爲不祥也

楚莊王好獵大夫諫曰晉楚敵國也楚不謀晉晉必謀楚今王無乃耽於樂乎王曰吾獵將以

求士也其榛藂刺虎豹者吾是以知其勇也其
攫犀搏兕者吾是以知其勁有力也罷田而分
所得吾是以知其仁也因是道也而得三士焉
楚國以安故曰苟有志則無事者此之謂也

湯之時大旱七年雒坼川竭煎沙爛石於是使
人持三足鼎祝山川教之祝曰政不節耶使人
疾耶苞苴行耶讒夫昌耶宮室營耶女謁盛耶
何不雨之極也蓋言未已而天大雨故天之應

人如影之隨形響之效聲者也詩云上下奠瘞
靡神不宗言疾旱也
殷太戊時有桑穀生於庭昏而生比旦而大拱史
請卜之湯廟太戊從之卜者曰吾聞之祥者福
之先者也見祥而爲不善則福不生殃者禍之
先者也見殃而能爲善則禍不至於是乃早朝
而晏退問疾弔喪三日而桑穀自亡
高宗者武丁也高而宗之故號高宗成湯之後
先王道缺刑法違犯桑穀俱生乎朝七日而大

卷ニ十三葉のり
無事 宋サニリ本多非
宋リ
故此
宮ニ

是以知其勇也其
有力也罷田而分
道也而得三士焉
事者此之謂也

煎沙爛石於是使
曰政不節耶使人
室營耶女謁盛耶
天大雨故天之應

三 一 二百九十四

卷一 十三葉ウ一リ
痤 宋廿三リ本 痤

也詩云上下共吳痤 葉原

而生比旦而共茯史

吾聞之祥者福

福不生殃者禍之

不至於是乃早朝

穀自亡

號高宗成湯之後

乎朝七日而大

拱武丁召其相而問焉其相曰吾雖知之吾弗
得言也聞諸祖已桑穀者野草也而生於朝意
者國亡乎武丁恐駭飭身修行思先王之政興
滅國繼絶世舉逸民明養老三年之後蠻夷重
譯而朝者七國此之謂存亡繼絶之主是以高
而尊之也

宋大水魯人弔之曰天降淫雨谿谷滿盈延及
君地以憂執政使臣敬弔宋人應之曰寡人不
佞齋戒不謹邑封不修使人不時天加以殃又

遺君憂拜命之辱君子聞之曰宋國其庶幾乎

問曰何謂也曰昔者夏桀殷紂不任其過其亡

也忽焉成湯文武知任其過其興也勃焉夫過

而改之是猶不過也故曰其庶幾乎宋人聞之

夙興夜寐早朝晏退弔死問疾戮力宇內三年

歲豐政平嚮使宋人不聞君子之語則年穀未

豐而國未寧詩曰弗時仔肩示我顯德行此之

謂也

楚昭王有疾卜之曰河爲祟大夫請用三牲焉

巻の末葉ニヨリ
飭 宋廿二リ本 飭

曰吾雖知之吾弗
草也而生於朝意
行思先王之政興
三年之後蠻夷重
繼絕之主是以高

雨谿谷滿盈延及
人應之曰寡人不
不時天加以殃又

卷一 右葉 以下ヨリ
勠 宋セニリ本ヲ截

故……湯

之曰宋國其庶幾乎
放紂不任其過其亡
過其興也勃焉夫過
其庶幾乎宋人聞之
罔疾勠力宇內三年
君子之語則年穀未
有示我顯德行此之

亦大夫請用三牲焉

王曰止古者先王割地制土祭不過望江漢睢
漳楚之望也禍福之至不是過也不穀雖不德
河非所獲罪也遂不祭焉仲尼聞之曰昭王可
謂知天道矣其不失國宜哉

楚昭王之時有雲如飛鳥夾日而飛三日昭王
患之使人乘馹東而問諸太史州黎州黎曰將
虐於王身以令尹司馬說焉則可令尹司馬聞
之宿齋沐浴將自以身禱之焉王曰止楚國之
有不穀也由身之有匈脇也其有令尹司馬也

由身之有股肱也匈脇有疾轉之股肱痛爲去

是人也

邾文公卜徙於繹史曰利於民不利於君君曰

苟利於民寡人之利也天生蒸民而樹之君以

利之也民旣利矣孤必與焉侍者曰命可長也

君胡不爲君曰命在牧民死之短長時也民苟

利矣吉孰大焉遂徙於繹

楚莊王見天不見妖而地不出孽則禱於山川

曰天其忘子歟此能求過於天必不逆諫矣安

王曰止古者先王割地制土祭不過望江漢睢漳楚之望也禍福之至不是過也不穀雖不德河非所獲罪也遂不祭焉仲尼聞之曰昭王可謂知天道矣其不失國宜哉

楚昭王之時有雲如飛鳥夾日而飛三日昭王患之使人乘馹東而問諸太史州黎州黎曰將虐於王身以令尹司馬說焉則可令尹司馬聞之宿齋沐浴將自以身禱之焉王曰止楚國之有不穀也由身之有匈脇也其有令尹司馬也

朱亡一十五之葉 四之行 末

宋廿二行本 注移

史作今移禍
膚去是身也

四九行
子 宋廿二行本
予 逆
逆

轉之股肱痛爲去

民不利於君君曰

蒸民而樹之君以

侍者曰命可長也

之短長時也民苟

出孽則禱於山川

天必不逆諫矣安

不志危故能終而成霸功焉

湯曰藥食先甞於卑然後至於貴藥言先獻於貴然後聞於乎故藥食甞乎卑然後至乎貴教也藥言獻於貴然後聞於卑道也故使人味食然後食者其得味也多使人味言然後聞言者其得言也少子以明上之言必自他聽之必自他聞之必自他擇之必自他取之必自他聚之必自他藏之必自他行之故道以數取之為明以數行之為章以數施之萬物為藏是故求道

者不以目而以心取道者不以手而以耳

楚文王有疾告大夫曰筦饒犯我以義違我以禮與處不安不見不思然吾有得焉必以吾時爵之申侯伯吾所欲者勸我爲之吾所樂者先我行之與處則安不見則思然吾有喪焉必以吾時遣之大夫許諾乃爵筦饒以大夫贈申侯伯而行之申侯伯將之鄭王曰必戒之矣而爲人也不仁而欲得人之政毋以之魯衛宋鄭不聽遂之鄭三年而得鄭國之政五月而鄭人

卷一 六葉二ノ 藥 宋廿二ノ本 藥 下同

卷一 六葉二ノ 聞於判 宋廿二ノ本 畢

卷一 六葉二ノ 子以 宋廿二ノ本 是以 擇ナリ 宋廿二ノ本 擇

卷一 六葉二ノ 數 宋廿二ノ本 數 下同

於貴藥言先獻於
畢然後至乎貴教
道也故使人味食
味言然後聞言者
必自他聽之必自
取之必自他聚之
道以數取之為明
物為藏是故求道

者不以目而以心取道者不以手而以耳

楚文王有疾告大夫曰筦饒犯我以義違我以禮與處不安不見不思然吾有得焉必以吾時爵之申侯伯吾所欲者勸我爲之吾所樂者先我行之與處則安不見則思然吾有喪焉必以吾時遣之大夫許諾乃爵筦饒以大夫贈申侯伯而行之申侯伯將之鄭王曰必戒之矣而爲人也不仁而欲得人之政毋以之魯衛宋鄭不聽遂之鄭三年而得鄭國之政五月而鄭人

怨之
趙簡子與欒激遊將沉於河曰吾嘗好聲色矣
而欒激致之吾嘗好宮室臺榭矣而欒激爲之
吾嘗好良馬善御矣而欒激求之今吾好士六
年矣而欒激未嘗進一人是進吾過而黜吾
善也
或謂趙簡子曰君何不更乎簡子曰諾左右曰
君未有過何更君曰吾謂是諾未必有過也吾
將求以來諫者也今我却之是却諫者諫者必

止我過無日矣
韓武子田獸已聚矣田車合矣傳來告曰晉公
薨武子謂欒懷子曰子亦知吾好田獵也獸已
聚矣田車合矣吾可以卒獵而後弔乎懷子對
曰范氏之亡也多輔而少拂今臣於君輔也畾
於君拂也君胡不問於畾也武子曰盈而欲拂
我乎而拂我矣何必畾哉遂輟田
師經鼓琴魏文侯起儛賦曰使我言而無見違
師經援琴而撞文侯不中中旒潰之文侯謂左

卷一

卷一 十七葉 ゆニアリ
獵也 宋サニリ本 矣 儛 日ハアリ
舞 宋サニリ本

六葉 ニアリ
梳 宋サニリ本 䟽

右曰爲人臣而撞其君其罪如何左右曰罪當烹提師經下堂一等師經曰臣可一言而死乎文侯曰可師經曰昔堯舜之爲君也唯恐言而人不違桀紂之爲君也唯恐言而人違之臣撞桀紂非撞吾君也文侯曰釋之是寡人之過也懸琴於城門以爲寡人符不補旒以爲寡人戒

齊景公游於菑聞晏子卒公乘輿素服馹而驅之自以爲遅下車而趨知不若車之速則又乘比至於國者四下而趨行哭而往矣至伏尸而

號曰子大夫日夜責寡人不遺尺寸寡人猶且
淫佚而不收怨罪重積於百姓今天降禍於齊
國不加寡人而加夫子齊國之社稷危矣百姓
將誰告矣
晏子沒十有七年景公飲諸大夫酒公射出質
堂上唱善若出一口公作色太息播弓矢弦章
入公曰章自吾失晏子於今十有七年未嘗聞
吾過不善今射出質而唱善者若出一口弦章
對曰此諸臣之不肖也知不足以知君之不善

勇不足以犯君之顔色然而有一焉臣聞之君
好之則臣服之君嗜之則臣食之夫尺蠖食黄
則其身黄食蒼則其身蒼君其猶有諂人言乎
公曰善今日之言章爲君我爲臣是時海人入
魚公以五十乘賜弦章歸魚乘塞塗撫其御之
手曰曩之唱善者皆欲若魚者也昔者晏子辭
賞以正君故過失不掩今諸臣諂諛以干利故
出質而唱善如出一口今所輔於君未見於衆
而受若魚是反晏子之義而順諂諛之欲也固

□□不受君子曰兹章之事乃□子之道行也
夫天之生人也蓋非以為君也天之立君也蓋
非以為位也夫為人君行其私欲而不顧其人
是不承天意忘其位之所以宜事也如此者春
秋不予能君而夷狄之鄭伯惡一人而兼弃其
師故有夷狄不君之辭人主不以此自省惟既
以失實心奚因知之故曰有國者不可以不學
春秋此之謂也齊人弑其君魯襄公援戈而起
曰孰臣而敢殺其君乎師懼曰夫齊君治之不

勇不足以犯君之顏色然而有一焉臣聞之君
好之則臣服之君嗜之則臣食之夫尺蠖食黃
則其身黃食蒼則其身蒼君其猶有謟人言乎
公曰善今日之言章為君我為臣是時海人入
魚公以五十乘賜弦章歸魚乘塞塗撫其御之
手曰曩之唱善者皆欲若魚者也昔者晏子辭
賞以正君故過失不掩今諸臣謟諛以干利故
出質而唱善如出一口今所輔於君未見於衆
而受若魚是反晏子之義而順謟諛之欲也固

□子之道行也
也天之立君也蓋
私欲而不顧其人
且事也如此者春
惡一人而兼弃其
不以此自省惟既
國者不可以不學
晉襄公援戈而起
曰夫齊君治之不

能任之不肖縱一人之欲以虐萬夫之性非所以立君也其身死自取之也今君不愛萬夫之命而傷一人之死奚其過也其臣已無道矣其君亦不足惜也

孔子曰文王似元年武王似春王周公似正月文王以王季爲父以太任爲母以大姒爲妃以武王周公爲子以泰顛閎夭爲臣其本美矣武王正其身以正其國正其國以正天下伐無道刑有罪一動天下正其事正矣春致其時萬物

皆及生君致其道萬人皆及治周公戴已而天
下順之其誠至矣
尊君卑臣者以勢使之也夫勢失則權傾故天
子失道則諸侯尊矣諸侯失政則大夫起矣大
夫失官則庶人興矣由是觀之上不失而下得
者未嘗有也
孔子曰夏道不亡商德不作商德不亡周德不
作周德不亡春秋不作春秋作而後君子知周
道亡也故上下相虧也猶水火之相滅也人君

不可不察而大盛其臣下此私門盛而公家亂
也人君不察焉則國家危殆矣莞子曰權不兩
錯政不二門故曰脛大於股者難以步指大於
臂者難以把本小末大不能相使也
司城子罕相宋謂宋君曰國家之危定百姓之
治亂在君行之賞罰也賞當則賢人勸罰得則
姦人止賞罰不當則賢人不勸姦人不止姦邪
比周欺上蔽主以爭爵祿不可不慎也夫賞賜
讓與者人之所好也君自行之刑罰殺戮者人

之所惡也臣請當之君曰善子主其惡寡人行其善吾知不為諸侯笑矣於是宋君行賞賜而與子罕刑罰國人知刑戮之威專在子罕也大臣親之百姓附之居朞年子罕逐其君而專其政故曰無弱君而彊大夫老子曰魚不可脫於淵國之利器不可以借人此之謂也

說苑卷第一

說苑卷第二

鴻嘉四年三月己亥護左都水使者光祿大夫臣劉向上

臣術

人臣之術順從而復命無所敢專義不苟合位不苟尊必有益於國必有補於君故其身尊而子孫保之故人臣之行有六正六邪行六正則榮犯六邪則辱夫榮辱者禍福之門也何謂六正六邪六正者一曰萌牙未動形兆未見昭然獨見存亡之幾得失之要預禁乎不然之前使

主超然立乎顯榮之處天下稱孝焉如此者聖
臣也二曰虛心白意進善通道勉主以禮義諭
主以長策將順其美匡救其惡功成事立歸善
於君不敢獨伐其勞如此者良臣也三曰卑身
賤體夙興夜寐進賢不解數稱於往古之德行
事以厲主意庶幾有益以安國家社稷宗廟如
此者忠臣也四曰明察幽見成敗早防而救之
引而復之塞其間絕其源轉禍以為福使君終
以無憂如此者智臣也五曰守文奉法任官職

事辭祿讓賜不受贈遺衣服端齊飲食節儉
此者貞臣也六曰國家昏亂所爲不諛然而敢
犯主之顏面言主之過失不辭其誅身死國安
不悔所行如此者直臣也是爲六正也六邪者
一曰安官貪祿營於私家不務公事懷其智藏
其能主飢於論渴於策猶不肯盡節容容乎與
世沈浮上下左右觀望如此者具臣也二曰主
所言皆曰善主所爲皆曰可隱而求主之所好
即進之以快主耳目偷合苟容與主爲樂不顧

其後害如此者諛臣也三曰中實頗險外容貌
小謹巧言令色又心嫉賢所欲進則明其美而
隱其惡所欲退則明其過而匿其美使王妄行
過任賞罰不當號令不行如此者姦臣也四曰
智足以飾非辯足以行說反言易辭而成文章
内離骨肉之親外妒亂朝廷如此者讒臣也五
曰專權擅勢持招國事以為輕重於私門成黨
以富其家又復增加威勢擅矯主命以自貴顯
如此者賊臣也六曰諂言以邪墜主不義朋黨

比周以蔽主明入則辯言好辭出則更復異其言語使白黑無別是非無間伺候可推因而附然使主惡布於境内聞於四鄰如此者亡國之臣也是謂六邪賢臣處六正之道不行六邪之術故上安而下治生則見樂死則見思此人臣之術也

湯問伊尹曰三公九卿大夫列士其相去何如伊尹對曰三公者知通於大道應變而不窮辯於萬物之情通於天道者也其言足以調陰陽

正四時節風雨如是者舉以為三公故三公之
事常在於道也九卿者不失四時通於溝渠修
隄防樹五穀通於地里者也能通不能通能利
不能利如此者舉以為九卿故九卿之事常在
於德也大夫者出入與民同衆取去與民同利
通於人事行猶舉繩不傷於言言之於世不害
於身通於關梁實於府庫如是者舉以為大夫
故大夫之事常在於仁也列士者知義而不失
其心事功而不獨專其賞忠政彊諫而無有姦

詐去私立公而言有法度如是者舉以爲列士故列士之事常在於義也故道德仁義定而天下正凡此四者明王臣而不名湯曰何謂臣而不臣伊尹對曰君之所不名臣者四諸父臣而不名諸兄臣而不名先王之臣臣而不名盛德之士臣而不名是謂大順也

湯問伊尹曰古者所以立三公九卿大夫列士者何也伊尹對曰三公者所以叅五事也九卿者所以叅三公也大夫者所以叅九卿也列士

者所以參大夫也故參而有參是謂事宗事
宗不失外内若一
子貢問孔子曰今之人臣孰為賢孔子曰吾未
識也往者齊有鮑叔鄭有子皮賢者也子貢曰
然則齊無管仲鄭無子產乎子曰賜汝徒知其
一不知其二汝聞進賢為賢耶用力為賢耶子
貢曰進賢為賢子曰然吾聞鮑叔之進管仲也
聞子皮之進子產也未聞管仲子產有所進也
魏文侯且置相召李克而問焉曰寡人將置相

畢以爲列士

德仁義定而天

曰何謂臣而

卿四諸父臣而

而不名盛德

卿大夫列士

五事也九卿

九卿也列士

者所以絫大夫也故絫而有絫是謂重于宗事宗不失外内若一

子貢問孔子曰今之人臣孰為賢孔子曰吾未識也往者齊有鮑叔鄭有子皮賢者也子貢曰然則齊無管仲鄭無子產乎子曰賜汝徒知其一不知其二汝聞進賢為賢耶用力為賢耶子貢曰進賢為賢子曰然吾聞鮑叔之進管仲也聞子皮之進子產也未聞管仲子產有所進也

魏文侯且置相召李克而問焉曰寡人將置相

置於季成子與翟觸我孰置而可李克曰臣聞之賤不謀貴外不謀內踈不謀親臣者踈賤不敢聞命文侯曰此國事也願與先生臨事而勿辭李克曰君不察故也可知矣貴視其所舉富視其所與貧視其所不取窮視其所不為由此觀之可知矣文侯曰先生出矣寡人之相定矣李克出過翟黃翟黃問曰吾聞君問相於先生未知果孰為相李克曰季成子為相翟黃作色不說曰觸失望於先生李克曰子何遽失望於

我我於子之君也豈與我比周而宋大官哉君
問相於我臣對曰君不察故也貴視其所舉富
視其所與貧視其所不取窮視其所不為由此
觀之可知也君曰出矣寡人之相定矣以是知
季成子為相翟黃不說曰觸何遽不為相乎西
河之守觸所任也計事内史觸所任也王欲攻
中山吾進樂羊無使治之臣吾進先生無使傅
其子吾進屈侯附觸何負於季成子李克曰不
如季成子季成子食菜千鐘什九居外一居中

置於季成子與翟觸我孰置而可李克曰臣聞
之賤不謀貴外不謀內踈不謀親臣者踈賤不
敢聞命文侯曰此國事也願與先生臨事而勿
辭李克曰君不察故也可知矣貴視其所舉富
視其所與貧視其所不取窮視其所不為由此
觀之可知矣文侯曰先生出矣寡人之相定矣
李克出過翟黄翟黄問曰吾聞君問相於先生
未知果孰為相李克曰季成子為相翟黄作色
不説曰觸失望於先生李克曰子何遽失望於

巻七　本葉　四之リ
而宋　宋廿二リ本　求
菜　日カリ
采　宋廿二リ本

宋太官哉君
視其所舉富
所不為由此
定矣以是知
不為相乎西
任也王欲攻
先生無使傳
成子李克曰不
居外一居中

是以東得卜子夏田子方段干木彼其所舉人主之師也子之所舉人臣之才也翟黃迮然而慙曰觸失對於先生請自脩然後學言未卒而左右言季成子立為相矣於是翟黃默然變色内慙不敢出三月也

楚令尹死景公遇成公乾曰令尹將焉歸成公乾曰殆於屈春乎景公怒曰國人以為歸於我成公乾曰子資少屈春資多子義獲天下之至憂也而子以為豪鳴鶴與芻狗其知甚少而子

玩之鴟夷子皮日侍於屈春損頗爲友二人者
之智足以爲令尹不敢專其智而委之屈春故
曰政其歸於屈春乎
田子方渡西河造翟黄翟黄乘軒車載華蓋黄
金之勒約鎮簟席如此者其駟八十乘子方望
之以爲人君也道狹下抵車而待之翟黄至而
睹其子方也下車而趨自投下風曰觸田子方
曰子與吾鄉者望子疑以爲人君也子至而人
臣也將何以至此乎翟黄對曰此皆君之所以

賜臣也積三十歲故至於此時以閑暇祖之曠
野正逢先生子方曰何子賜車轝之厚也翟黄
對曰昔者西河無守臣進吳起而西河之外寧
鄴無令臣進西門豹而魏無趙患酸棗無令臣
進北門可而魏無齊憂魏欲攻中山臣進樂羊
而中山拔魏無使治之臣臣進李克而魏國大
治是以進此五大夫者爵祿倍以故至於此子
方曰可子勉之矣魏國之相不去子而之他矣
翟黄對曰君母弟有公孫季成者進子夏而君

師之進段干木而吾友之進先生而吾敬之彼
其所進師也友也所敬者也臣之所進者皆守
職守祿之臣也何以至魏國相乎子乃曰吾聞
身賢者賢也能進賢者亦賢也子之五舉者盡
賢子毅之食子終其次也
齊威王遊於瑤臺成侯卿來奏事從車羅騎甚
衆王望之謂左右曰來者何為者也左右曰成
侯卿也王曰國至貧也何出之盛也左右曰與
人者有以言之也愛人者有以助之也王試問

[illegible]謂成侯卿至上謂田忌也王不應又曰忌也
王不應又曰忌也王曰國至貧也何出之盛也
成侯卿曰赦其死辠使臣得言其說王曰諾對
曰忌舉田居子爲西河而秦梁弱忌舉田解子
爲南城而楚人抱羅綺而朝忌舉黔涿子爲冥
州而燕人給牲趙人給盛忌舉田種首子爲即
墨而於齊足究忌舉北郭刀勃子爲大士而九
族益親民益富舉此數良人者王枕而臥耳何
患國之貧哉

秦穆公使賈人載鹽徵諸賈人賈人買百里奚以五羖羊之皮使將車之秦秦穆公觀鹽見百里奚牛肥曰任重道遠以險而牛何以肥也對曰臣飲食以時使之不以暴有險先後之以身是以肥也穆公知其君子也令有司具沐浴爲衣冠與坐公大悅異日與公孫支論政公孫支大不寧曰君耳目聰明思慮審察君其得聖人乎公曰然吾悅夫奚之言彼類聖人也公孫支遂歸取鴈以賀曰君得社稷之聖臣敢賀社稷

卷二 二葉九行末

哉 宋廿二行本[illegible]也 作

王不應又曰忌避

負也何出之盛也

言其說王曰讓對

猴弱忌舉田解子

忌舉黔涿子爲冥

舉田種首子爲即

朌子爲大主而九

者王枕而卧耳何

卷乙以棠以下
塩 第廿二行 鹽 下同

父人賈人買百里奚
秦穆公觀鹽見百
而牛何以肥也對
有險先後之以身
令有司具沐浴爲
孫支論政公孫支
審察君其得聖人
類聖人也公孫支
之聖臣敢賀社稷

之福公不辭再拜而受明日公孫支乃致上卿以讓百里奚曰秦國處僻民陋以愚無知危亡之本也臣自知不足以處其上請以讓之公不許公孫支曰君不用賓相而得社稷之聖臣君之祿也臣見賢而讓之臣之祿也今君既得其祿矣而使臣失祿可乎請終致之公不許公孫支曰臣不肖而處上位是君失倫也不肖失倫臣之過進賢而退不肖君之明也今臣處位廢君之德而逆臣之行也臣將逃公乃受之故百

里奚爲上卿以制之公孫支爲次卿以佐之也
趙簡主從晉陽之邯鄲中路而止引車吏進問
君何爲止簡主曰董安于在後吏曰此三軍之
事也君奈何以一人留三軍也簡主曰諾驅之
百步又止吏將進諫董安于適至簡主曰秦道
之與晉國交者吾忘令人塞之董安于曰此安
于之所爲後也簡主曰官之寶璧吾忘令人載
之對曰此安于之所爲後也簡主曰行人燭過
年長矣言未嘗不爲晉國法也吾行忘令人辭

且將焉對曰此晏子之所爲後也簡主可謂內
省然知人矣哉故身佚國安御史大夫周昌曰
人主誠能如趙簡主朝不危矣
晏子侍於景公朝寒請進熱食對曰嬰非君之
厨養臣也敢辭公曰請進服裘對曰嬰非田澤
之臣也敢辭公曰然夫子於寡人奚爲者也對
曰社稷之臣也公曰何謂社稷之臣對曰社稷
之臣能立社稷辨上下之宜使得其理制百官
之序使得其宜作爲辭令可分布於四方自是

之後君不以禮不見晏子也
齊侯問於晏子曰忠臣之事其君何若對曰有
難不死出亡不送君曰裂地而封之疏爵而貴
之吾有難不死出亡不送可謂忠乎對曰言而
見用終身無難臣何死焉謀而見從終身不亡
臣何送焉若言不見用有難而死之是妄死也
諫而不見從出亡而送是詐為也故忠臣者能
納善於君而不能與君陷難者也
晏子朝乘弊車駕駑馬景公見之曰嘻夫子之

其身將焉對曰此安于之所爲後也簡主可謂内
省外知人矣哉故身佚國安御史大夫周昌曰
人主誠能如趙簡主朝不危矣
晏子侍於景公朝寒請進熱食對曰嬰非君之
廚養臣也敢辭公曰請進服裘對曰嬰非田澤
之臣也敢辭公曰然夫子於寡人奚爲者也對
曰社稷之臣也公曰何謂社稷之臣對曰社稷
之臣能立社稷辨上下之宜使得其理制百官
之序使得其宜作爲辭令可分布於四方自是

其君何若對曰有
而封之疏爵而貴
謂忠乎對曰言而
而見從終身不亡
而死之是妄死也
爲也故忠臣者能
爲也
見之曰噫夫子之

禄寡耶何乘不任之甚也晏子對曰賴君之賜
得以壽三族及國交遊皆得生焉臣得煖衣飽
食弊車駑馬以奉其身於臣足矣晏子出公使
梁丘據遺之輅車乘馬三返不受公不悅趣召
晏子晏子至公曰夫子不受寡人亦不乘晏子
對曰君使臣臨百官之吏節其衣服飲食之養
以先齊國之人然猶恐其侈靡而不顧其行也
今輅車乘馬君乘之上臣亦乘之下民之無義
侈其衣食而不顧其行者臣無以禁之遂讓不

受也
景公飲酒陳桓子侍望見晏子而復於公曰請
浮晏子公曰何故也對曰晏子衣緇布之衣麋
鹿之裘棧軫之車而駕駑馬以朝是隱君之賜
也公曰諾酌者奉觴而進之曰君命浮子晏子
曰何故也陳桓子曰君賜之卿位以尊其身寵
之百萬以富其家群臣之爵莫尊於子祿莫厚
於子今子衣緇布之衣麋鹿之裘棧軫之車而
駕駑馬以朝則是隱君之賜也故浮子晏子避

禄寡耶何乘不任之甚也晏子對曰賴君之賜
得以壽三族及國交遊皆得生焉臣得煖衣飽
食弊車駑馬以奉其身於臣足矣晏子出公使
梁丘據遺之輅車乘馬三返不受公不悅趣召
晏子晏子至公曰夫子不受寡人亦不乘晏子
對曰君使臣臨百官之吏節其衣服飲食之養
以先齊國之人然猶恐其侈靡而不顧其行也
今輅車乘馬君乘之上臣亦乘之下民之無義
侈其衣食而不顧其行者臣無以禁之遂讓不

巻二十二葉目七り　八り　九り
晏子　之裘　也故

晏子辭復於公曰請
子紹布之衣麋
以是隱君之賜
曰命淳于晏子
卿以尊其身寵
於子祿莫厚
棧軫之車赤
乎子晏子遜

席曰請飲而後辭乎其辭而後飲乎公曰辭然
後飲晏子曰君賜卿位以顯其身嬰不敢為顯
受也為行君令也寵以百萬以富其家嬰不敢
為富受也為通君賜也臣聞古之賢臣有受厚
賜而不顧其國族則過之臨事守職不勝其任
則過之君之內隸臣之父兄若有離散在於野
鄙者此臣之罪也君之外隸臣之所職若有播
亡在四方者此臣之罪也兵革之不完戰車不修
此臣之罪也若夫敝車駑馬以朝主者非臣之

罪也且臣以君之賜臣父之黨無不乘車者母
之黨無不足於衣食者妻之黨無凍餒者國之
閒士待臣而後舉火者數百家如此為隱君之
賜乎彰君之賜乎公曰善為我浮桓子也
晏子方食景公使使者至分食而食之晏子不飽
使者返言之景公曰嘻夫子之家若是其
貧也寡人不知是寡人之過也令吏致千家
之縣一於晏子晏子再拜而辭曰嬰之家不貧
以君之賜澤覆三族延及交遊以振百姓君之

席曰請飲而後辭乎其辭而後飲乎公曰辭然
後飲晏子曰君賜卿位以顯其身嬰不敢為顯
受也為行君令也寵之百萬以富其家嬰不敢
為富受也為通君賜也臣聞古之賢臣有受厚
賜而不顧其國族則過之臨事守職不勝其任
則過之君之內隸臣之父兄若有離散在於野
鄙者此臣之罪也君之外隸臣之所職若有播
亡在四方者此臣之罪也兵革之不完戰車不修
此臣之罪也若夫弊車駑馬以朝主者非臣之

巻二　十二葉ウより　ゲハリ　日九り
不知也　晏子晏子　嚴友三

無無不乘車者母
氓無凍餒者國之
交如此為隱君之
義浮栢子也
而食之晏子不飽
夫子之家若是其
廻也令吏致千家
辭曰嬰之家不貧
避以振百姓君之

賜也厚矣嬰之家不貧也嬰去聞之厚取之君而
厚施之人代君爲君也忠臣不爲也厚取之君
而藏之是筐篋存也仁人不爲也厚取之君而
無所施之身死而財遷智者不爲也嬰也聞爲
人臣進不事上以爲忠退不克下以爲廉八升
之布一豆之食足矣使者三返遂辭不受也
陳成子謂鴟夷子皮曰何與常也對曰君死吾
不死君亡吾不亡陳成子曰然子何以與常對
曰未死去死未亡去亡其有何死亡矣從命利

君謂之順從命病君謂之諛逆命利君謂之忠
逆命病君謂之亂君有過不諫諍將危國殞社
稷也有能盡言於君用則留之不用則去之謂
之諫用則可生不用則死謂之諍有能比和同
力率群下相與彊矯君君雖不安不能不聽遂
解國之大患除國之大害成於尊君安國謂之
輔有能抗君之命反君之事竊君之重以安國
之危除主之辱攻伐足以成國之大利謂之弼
故諫諍輔弼之人社稷之臣也明君之所尊禮

賜也厚矣嬰之家不貧也嬰去聞之厚取之君而
厚施之人代君爲君也忠臣不爲也厚取之君
而藏之是筐匧存也仁人不爲也厚取之君而
無所施之身死而財遷智者不爲也嬰也聞爲
人臣進不事上以爲忠退不克下以爲廉八升
之布一豆之食足矣使者三返遂辭不受也
陳成子謂鴟夷子皮曰何與常也對曰君死吾
不死君亡吾不亡陳成子曰然子何以與常對
曰未死去死未亡去亡其有何死亡矣從命利

卷二 十二葉 四行
謂之順 謂之諫 皆作
宋廿二行本 爲 下兩謂字仍同

命利君謂之忠
將危國殞社
不用則去之謂
諍有能比和同
安不能不聽遂
尊君安國謂之
君之重以安國
之大利謂之弼
明君之所尊禮

而闇君以爲己賊故明君之所賞闇君之所殺也明君好問闇君好獨明君上賢使能而享其功闇君畏賢妒能而滅其業罰其忠而賞其賊夫是之謂五闇桀紂之所以亡也詩云曾是莫聽大命以傾此之謂也

簡子有臣尹綽赦厥簡子曰厥愛我諫我必不於衆人中綽也不愛我諫我必於衆人中尹綽曰厥也愛君之醜而不愛君之過臣愛君之過而不愛君之醜孔子曰君子哉尹綽面訾不面譽也

高繚仕於晏子晏子逐之左右諫曰高繚之事夫子三年曾無以爵位而逐之其義可乎晏子曰嬰仄陋之人也四維之然後能直今此子事吾三年未嘗弼吾過是以逐之也

子貢問孔子曰賜爲人下而未知所以爲人下之道也孔子曰爲人下者其猶土乎種之則五穀生焉掘之則甘泉出焉草木植焉禽獸育焉生人立焉死人入焉多其功而不言爲人下者其猶土乎

巻二　本葉のり五閭　宋せ刀本　至闇

巻二　本葉のり
之過、宋せ刀本多也字

賞闇君之所殺
賢使能而享其
賞其忠而賞其賊
也詩云曾是莫
我諫我必不於衆
人中尹綽曰厥也愛
之過而不愛君之
面譽也

高繚仕於晏子晏子逐之左右諫曰高繚之事夫子三年曾無以爵位而逐之其義可乎晏子曰嬰仄陋之人也四維之然後能直今此子事吾三年未嘗彌吾過是以逐之也

子貢問孔子曰賜爲人下而未知所以爲人下之道也孔子曰爲人下者其猶土乎種之則五穀生焉掘之則甘泉出焉草木植焉禽獸育焉生人立焉死人入焉多其功而不言爲人下者其猶土乎

孫卿曰少事長賤事貴不肖事賢此天下之通義也有人貴而不能為人上賤而羞為人下此姦人之心也身不離姦心而行不離姦道然而求見譽於衆不亦難乎

公叔文子問於史叟曰武子勝事趙簡子久矣其寵不解奚也史叟曰武子勝博聞多能而位賤君親而近之致敏以遜貌而疏之則恭而無怨色入與謀國家出不見其寵君賜之祿知足而辭故能久也

三百七字

秦誓曰附下而罔上者死附上而罔下者刑與
聞國政而無益於民者退在上位而不能進賢
者逐此所以勸善而黜惡也故傳曰傷善者國
之殘也蔽善者國之讒也愬無罪者國之賊也
王制曰假於鬼神時日卜筮以疑於衆者殺也
子路爲蒲令備水災與民春脩溝瀆爲人煩苦
故予人一簞食一壺漿孔子聞之使子貢復之
子路忿然不悅往見夫子曰由也以暴雨將至
恐有水災故與人脩溝瀆以備之而民多匱於

卷二 十五葉ノ七リ
遊麁 宋廿葉今懸

事賢此天下之通
賤而羞為人下此
行不離姦道然而
勝事趙簡子久矣
勝博聞多能而位
而疏之則恭而無
寵君賜之祿知足

三百七字 多正

[illegible]罔下者刑與
位而不能進賢
傳曰傷善者國
罪者國之賊也
疑於衆者然也
溝瀆爲人煩苦
之使子貢復之
以暴雨將至
而民多匱於

卷二 十五葉右七行 然也 宋廿二行本 殺也
四六行 另記 宋廿二行本 四七行 子人 宋廿二行本 與人

食故與人一簞食一壺漿而夫子使賜止之何
也夫子止由之行仁也夫子以仁教而禁其行
仁也由也不受子曰爾以民餓何不告於君發
倉廩以給食之而以爾私饋之是汝不明君之
惠見汝之德義也速已則可矣否則爾之受罪
不久矣子路心服而退也

說苑卷第二

使賜止之何
教而禁其行
何不告於君發
是汝不明君之
否則尒之受罪

說苑卷第三

漢鴻嘉四年三月己亥護左都水使者光祿大夫臣劉向上

建本

孔子曰君子務本本立而道生夫本不正者末必陭始不盛者終必衰詩云原隰既平泉流既清本立而道生春秋之義有正春者無亂秋有正君者無危國易曰建其本而萬物理失之毫釐差以千里是故君子貴建本而重立始

魏武侯問元年於吳子吳子對曰言國君必慎

始也慎始奈何曰正之正之奈何曰明智智不
明何以見正多聞而擇焉所以明智也是故古
者君始聽治大夫而一言士而一見庶人有謁
必達公族請問必語四方至者勿距可謂不壅
蔽矣分祿必及用刑必中君心必仁思君之利
除民之害可謂不失民衆矣君身必正近臣必
選大夫不兼官執民柄者不在一族可謂不權
勢矣此皆春秋之意而元年之本也
守口行身有文章焉然後為君子立體

說苑卷第三

鴻嘉四年三月己亥護左都水使者光祿大夫臣劉向上

建本

孔子曰君子務本本立而道生夫本不正者末必陭始不盛者終必衰詩云原隰既平泉流既清本立而道生春秋之義有正春者無亂秋有正君者無危國易曰建其本而萬物理失之毫釐差以千里是故君子貴建本而重立始

魏武侯問元年於吳子吳子對曰言國君必慎

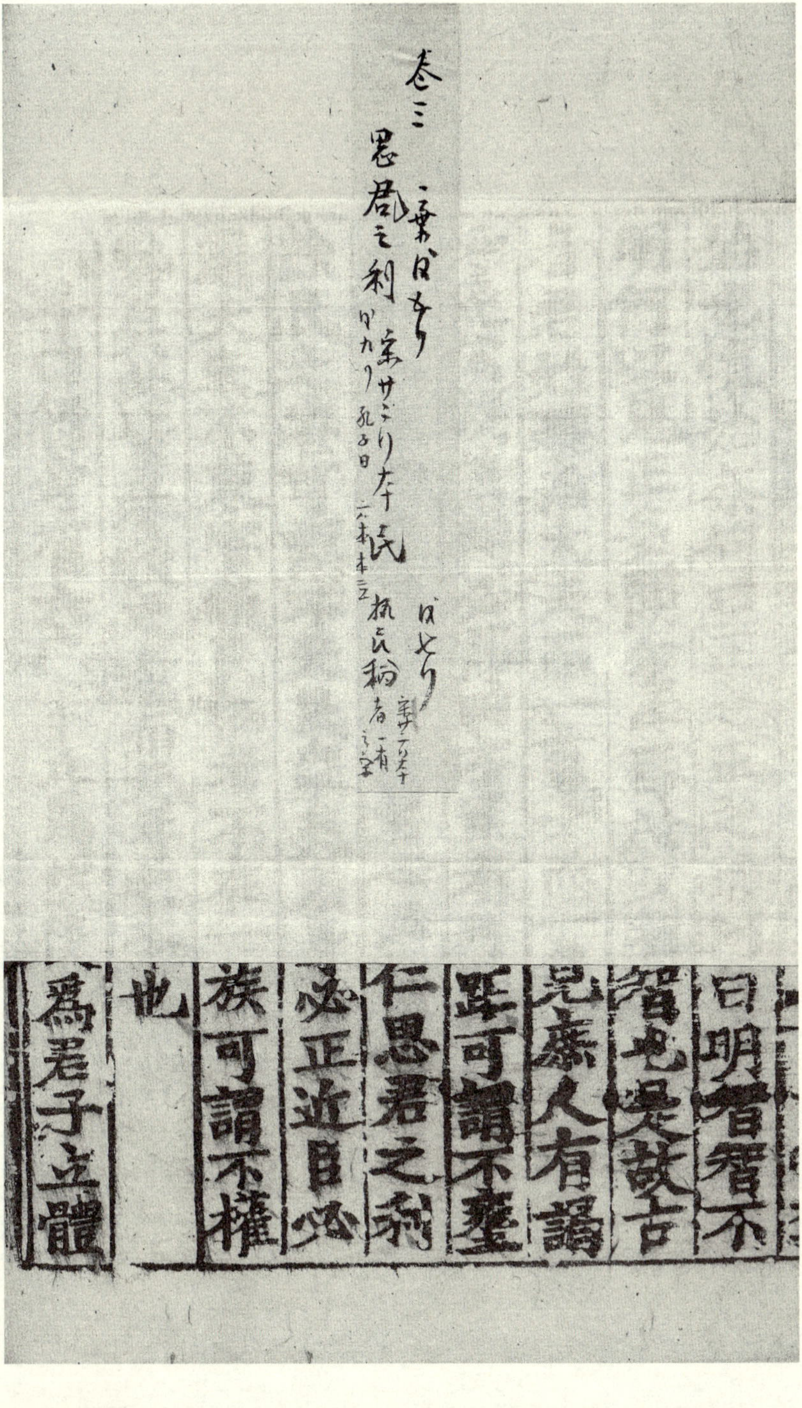

巻三

日明晳習不
習也是故古
見蔡人有謟
罪可謂不蹇
仁思君之利
必正近自必
族可謂不權
也
爲君子立體

有義矣而孝爲本喪紀有禮矣而哀爲本戰陣
有隊矣而勇爲本治政有理矣而能爲本居國
有禮矣而嗣爲本生才有時矣而力爲本置本
不固無務豐末親戚不悅無務外交事無終始
無務多業聞記不言無務多談比近不說無務
修遠是以反本修邇君子之道也天之所生地
之所養莫貴乎人人之道莫大乎父子之親君
臣之義父道聖子道仁君道義臣道忠賢父之
於子也慈惠以生之教誨以成之養其義藏其

偽時其節慎其施子年七歲以上父爲之擇明
師選良友勿使見惡少漸之以善使之早化故
賢子之事親發言陳辭應對不悖乎耳趣走進
退容貌不悖乎目卑體賤身不悖乎心君子之
事親以積德子者親之財也無所推而不從命
推而不從命者惟害親者也故親之所安子皆
供之賢臣之事君也受官之日以主爲父以國
爲家以士人爲兄弟故苟有可以安國家利民
人者不避其難不憚其勞以成其義故其君亦

哀爲本戰陣
能爲本居國
爲本置本
交事無終始
近不說無務
天之所生地
父子之親君
道忠賢父之
養其義藏其

偶時其篤愼其施子年七歲以上父爲之擇明
師選良友勿使見惡少漸之以善使之早化故
賢子之事親發言陳辭應對不悖乎耳趣走進
退容貌不悖乎目卑體賤身不悖乎心君子之
事親以積德子者親之財也無所推而不從命
推而不從命者惟害親者也故親之所安子皆
供之賢臣之事君也受官之日以主爲父以國
爲家以士人爲兄弟故苟有可以安國家利民
人者不避其難不憚其勞以成其義故其君亦

有助之以遂其德夫君臣之與百姓轉相爲本如循環無端夫子亦云人之行莫大於孝孝行成於内而嘉號布於外是謂建之於本而榮華自茂矣君以臣爲本臣以君爲本父以子爲本子以父爲本棄其本者榮華槁矣

子路曰負重道遠者不擇地而休家貧親老者不擇祿而仕昔者由事二親之時常食藜藿之實而爲親負米百里之外親沒之後南遊於楚從車百乘積粟萬鍾累茵而坐列鼎而食願食

蒸藜為親負米之時不可復得也枯魚銜索幾
何不蠹二親之壽忽如過隙草木欲長霜露不
使賢者欲養二親不待故由家貧親老不擇祿
而仕也
伯禽與康叔封朝于成王見周公三見而三笞
康叔有駭色謂伯禽曰有商子者賢人也與子
見之康叔封與伯禽見商子曰某某也日吾二
子者朝乎成王見周公三見而三笞其說何也
商子曰二子盍相與觀乎南山之陽有木焉名

有助之以遂其德夫君臣之與百姓轉相爲本
如循環無端夫子亦云人之行莫大於孝孝行
成於內而嘉號布於外是謂建之於本而榮華
自茂矣君以臣爲本臣以君爲本父以子爲本
子以父爲本棄其本者榮華槁矣

子路曰負重道遠者不擇地而休家貧親老者
不擇祿而仕昔者由事二親之時常食藜藿之
實而爲親負米百里之外親沒之後南遊於楚
從車百乘積粟萬鍾累茵而坐列鼎而食願食

何也枯魚銜索幾
草木欲長霜露不
養貪親老不擇祿

周公三見而三笞
子者賢人也與子
日某某也日吾二
而三笞其說何也
山之陽有木焉名

曰橋二子者往觀乎南山之陽見橋竦焉實而
仰反以告乎商子商子曰橋者父道也商子曰
二子盍相與觀乎南山之陰有木焉名曰梓二
子者往觀乎南山之陰見梓勃焉實而俯反以
告商子商子曰梓者子道也二子者明日見乎
周公入門而趨登堂而跪周公拂其首勞而食
之曰安見君子二子對曰見商子周公曰君子
哉商子也
曾子芸瓜而誤斬其根曾晳怒援大杖擊之曾

子仆地有頃蘇蹷然而起進曰曩者參得罪於
大人大人用力教參得無疾乎退屛鼓琴而歌
欲令曾晳聽其歌聲令知其平也孔子聞之告
門人曰參來勿內也曾子自以無罪使人謝孔
子孔子曰汝聞瞽叟有子名曰舜舜之事父也
索而使之未嘗不在側求而殺之未嘗可得小
箠則待大箠則走以逃暴怒也今子委身以待
暴怒立體而不去殺身以陷父不義不孝孰是
大乎汝非天子之民邪殺天子之民罪奚如以

曾子之材又居孔氏之門有罪不自知處義難

乎

伯俞有過其母笞之泣其母曰他日笞子未嘗見泣今泣何也對曰他日俞得罪笞嘗痛今母之力不能使痛是以泣故曰父母怒之不作於意不見於色深受其罪使可哀憐上也父母怒之不作於意不見其色其次也父母怒之作於意見於色下也

成人有德小子有造大學之教也時禁於其未

發之曰預因其可之曰時相觀於善之曰磨學不陵節而施之曰馴發然後禁則扞格而不勝時過然後學則勤苦而不馴雜施而不遜則壞亂而不治獨學而無友則孤陋而寡聞故曰有昭辟雍有賢泮宮田里周行濟濟鏘鏘而相從執質有族以文周召公年十九見正而冠冠則可以爲方伯諸侯矣人之幼稚童蒙之時非求師正本無以立身全性夫幼者必愚愚者妄行愚者妄行不能保身孟子曰人皆知以食愈飢

巻三　本葉　二リ
哀陰　宋廿三リ本　哀憐　九リ
戍人　連宋廿三リ本

罪不自知處義

毋曰他日咎子未嘗
前得罪咎嘗痛今毋
曰父毋愁之不作於
可哀隂上也父毋愁
以也父毋愁之作於

教也時禁於其未

卷三 本葉廿二り
周召公 宋廿一り本 男起
吳本 男起

觀於善之曰磨學
祭則扞格而不勝
雜施而不遜則壞
陋而寡聞故曰有
濟濟鏘鏘而相從
九見正而冠冠則
雜童蒙之時非求
者必愚愚者妄行
人皆知以食愈飢

莫知以學愈愚故善材之幼者必勤於學問

脩其性令人誠能砥礪其材自誠其神明睹物

之應通道之要觀始卒之端覽物外之境逍遙

乎無方之內彷徉乎塵埃之外卓然獨立超然

絶世此上古聖之所遊神也然晚世之人莫能

閒居心思鼓琴讀書追觀上古友賢大夫學問

講辨日以自虞疏遠世事分明利害籌策得失

以觀禍福設義立度以爲法式窮追本末究

事之情死有遺業生有榮名此皆人材之所

能逮也然莫能爲者偷慢懈墮多暇日之故也是以失本而無名夫學者崇名立身之本也儀狀齊等而飾貌者好質性同倫而學問者智是故砥礪琢磨非金也而可以利金詩書壁立非我也而可以厲心夫問訊之士日夜興起厲中益知以分別理是故處身則全立身不殆士苟欲深明博察以垂榮名而不好問訊之道則是伐智本而塞智原也無以立軀也騏驥雖疾不遇伯樂不致千里干將

卷三 六葉 十行

上古聖 宋廿三行本無古字 吳本亦無

者必勤於學問

自誠其神明惜物

覽物外之境遺遨

外卓然獨立超然

然晩世之人莫能

古友賢大夫學問

明利害籌策得失

法式窮追本末究

君此皆人材之所

巻三 疏第 六葉オより 宋せこり本齊 呉本齊

巻三 壁立 六葉オより 宋せこり本辟 呉本辟

巻三 問識 六葉ウより 宋せこり本訊 呉本訊

侗墮多暇日之故
若崇名立身之本
真性同倫而學問
也而可以利金詩
夫問訊之士日
是故處身則全
矛以審榮名而不
則塞智原也飾以
業不致千里乎將

雖利非人力不能自斷烏號之弓雖良不得
排檠不能自任人才雖高不務學問不能致聖
水積成川則蛟龍生焉土積成山則豫樟生焉
學積成聖則富貴尊顯至焉千金之裘非一狐
之皮臺廟之榱非一木之枝先王之法非一士
之智也故曰訊問者智之本思慮者智之道也
中庸曰好問近乎智力行近乎仁知恥近乎勇
積小之能大者其惟仲尼乎學者所以反情治
性盡才者也親賢學問所以長德也論交合友

所以相致也詩云如切如瑳如琢如磨此之謂也

今夫辟地殖穀以養生送死鋭金石雜草藥以攻疾各知構室屋以避暑雨累臺榭以避潤濕入知親其親出知尊其君内有男女之别外有朋友之際此聖人之德教儒者受之傳之以教誨於後世今夫晚世之惡人反非儒者曰何以儒爲如此人者是非本也譬猶食穀衣絲而非耕織者也載於船車服而安之而非工匠者也

雖利非人力不能自斷烏號之弓雖良不得
排檠不能自任人才雖高不務學問不能致聖
水積成川則蛟龍生焉土積成山則豫樟生焉
學積成聖則富貴尊顯至焉千金之裘非一狐
之皮臺廟之榱非一木之枝先王之法非一士
之智也故曰訊問者智之本思慮者智之道也
中庸曰好問近乎智力行近乎仁知恥近乎勇
積小之能大者其惟仲尼乎學者所以反情治
性盡才者也親賢學問所以長德也論交合友

如琢如磨此之

金石雜草藥以

臺榭以避潤濕

男女之別外有

受之傳之以教

非儒者曰何以

食穀衣絲而非

而非工匠者也

食於含暴須以生活而非陶冶者也此言遺

情而行暴於心者也如此人者面不觀也矣

士不友也此三代之棄民也人君之所不赦也

故詩云投畀豺虎豺虎不食投畀有北有北不

受投畀有昊此之謂也

孟子曰人知糞其田莫知糞其心糞田莫過利

苗得粟糞心易行而得其所欲何謂糞心博學

多聞何謂易行一性止淫也

子思曰學所以益才也礪所以致刃也吾嘗幽

處而深思不若學之速吾嘗跂而望不若登高
之博見故順風而呼聲不加疾而聞者衆登丘
而招臂不加長而見者遠故魚乘於水鳥乘於
風草木乘於時
孔子曰可以與人終日而不倦者其惟學乎其
身體不足觀也其勇力不足憚也其先祖不足
稱也其族姓不足道也然而可以聞四方而昭
於諸侯者其惟學乎詩曰不愆不忘率由舊章
夫學之謂也孔子曰鯉君子不可以不學見人

食於瓮甑須以生活而非陶冶者也此言違於
情而行暌於恕者也如此人者骨肉不親也秀
士不友也此三代之棄民也人君之所不赦也
故詩云投畀豺虎豺虎不食投畀有北有北不
受投畀有昊此之謂也
孟子曰人知糞其田莫知糞其心糞田莫過利
苗得粟糞心易行而得其所欲何謂糞心博學
多聞何謂易行一性止淫也
子思曰學所以益才也礪所以致刃也吾嘗幽

而望不若登高
而聞者衆登立
本於水鳥秉於
者其惟學乎其
也其先祖不足
開四方而昭
不亡率由舊章
以不學見人

不可以不飾不飾則無根無根則失理失理則
不忠不忠則失禮失禮則不立夫遠而有光者
飾也近而逾明者學也譬之如污池水潦注焉
萑蒲生之從上觀之知其非源也
公扈子曰有國者不可以不學春秋生而尊者
驕生而富者傲生而富貴又無鑑而自得者鮮
矣春秋國之鑑也春秋之中弑君三十六亡國
五十二諸侯奔走不得保其社稷者甚衆未有
不先見而後從之者也

晉平公問於師曠曰吾年七十欲學恐已暮矣師曠曰何不炳燭乎平公曰安有爲人臣而戲其君乎師曠曰盲臣安敢戲其君乎臣聞之少而好學如日出之陽壯而好學如日中之光老而好學如炳燭之明炳燭之明孰與昧行乎平公曰善哉

河間獻王曰湯稱學聖王之道者譬如日焉靜居獨思譬如火焉夫捨學聖王之道若捨日之光何乃獨思若火之明也可以見小耳未可用

大知惟學問可以廣明德慧也

梁丘據謂晏子曰吾至死不及夫子矣晏子曰嬰聞之爲者常成行者常至嬰非有異於人也常爲而不置常行而不休者故難及也

甯越中牟鄙人也苦耕之勞謂其友曰何爲而可以免此苦也友曰莫如學學三十年則可以達矣甯越曰請十五歲人將休吾將不敢休人將臥吾不敢臥十五歲學而周威公師之矣走者之速也而過二里止步者之遲也而百里不止

今𤱶哉之材而又不止其爲諸侯師豈不宜哉

孔子謂子路曰汝何好子路曰好長劍孔子曰

非此之問也請以汝之所能加之以學豈可及

哉子路曰學亦有益乎孔子曰夫人君無諫臣

則失政士無教友則失聽御狂馬不釋其策操弓

不返於檠木受繩則直人受諫則聖受學重問

孰不順成毀仁惡士必近於刑君子不可以不

學子路曰南山有竹不揉自直斬而射之通於

犀革又何學爲乎孔子曰括而羽之鏃而砥礪

大知惟學問可以廣明德慧也

梁丘據謂晏子曰吾至死不及夫子矣晏子曰
嬰聞之爲者常成行者常至嬰非有異於人也
常爲而不置常行而不休者故難及也
甯越中牟鄙人也苦耕之勞謂其友曰何爲而
可以免此苦也友曰莫如學學三十年則可以
達矣甯越曰請十五歲人將休吾將不敢休人將
卧吾不敢卧十五歲學而周威公師之夫走者
之速也而過二里止步者之遲也而百里不止

師豈不達識
曰好長劍孔子曰
加之以學豈可及
曰夫人君無諫臣
馬不釋其策操弓
[illegible]則聖受學重問
刑君子不可以不
直斬而射之通於
羽之鏃而砥礪

之其入不益深乎子路拜曰敬受敎哉

子路問於孔子曰請釋古之學而行由之意可乎孔子曰不可昔者東夷慕諸夏之義有女其夫死爲之内私壻終身不嫁不嫁則不嫁矣然非貞節之義也蒼梧之弟娶妻而美好請與兄易忠則忠矣然非禮也今子欲釋古之學而行子之意庸知子用非爲是用是爲非乎不順其初雖欲悔之難哉

豐牆境下未必崩也流行潦至壞必先矣樹本

淺根垓不深未必橛也飄風起暴雨至拔必先
矣君子居於是國不崇仁義不尊賢臣未必亡
也然一旦有非常之變車馳人走指而禍至乃
始乾喉𤍠脣仰天而歎庶幾焉天其救之不亦
難乎孔子曰不慎其前而悔其後雖悔無及矣
詩云啜其泣矣何嗟及矣言不先正本而成憂
於末也

虞君問盆成子曰今工者久而巧色者老而衰
今人不及壯之時益積心技之術以備將衰之

之其入不益深乎子路拜曰敬受教哉

子路問於孔子曰請釋古之學而行由之意可乎孔子曰不可昔者東夷慕諸夏之義有女其夫死爲之内私壻終身不嫁不嫁則不嫁矣然非貞節之義也蒼梧之弟娶妻而美好請與兄易忠則忠矣然非禮也今子欲釋古之學而行子之意庸知子用非爲是用是爲非乎不順其初雖欲悔之難哉

豐牆墝下未必崩也流行潦至壞必先矣樹本

卷三 扶 十二葉 ウ二リ 宋本ニ依リ挍

亦雨至扶必先
者賢良未必亡
足揃而禍至乃
矣其救之不亦
後雖悔無及矣
先正本而成憂

功色者老而衰
術以備將衰之

色色者必盡乎老之前知謀無以異乎幼之時可好之色彬彬乎且盡洋洋乎安託無能之軀哉故有技者不累身而未嘗滅而色不得以常茂

齊桓公問管仲曰王者何貴曰貴天桓公仰而視天管仲曰所謂天者非謂蒼蒼莽莽之天也君人者以百姓爲天百姓與之則安輔之則彊非之則危背之則亡詩云人而無良相怨一方民怨其上不遂亡者未之有也

河間獻王曰管子稱倉廩實知禮節衣食足知
榮辱夫穀者國家所以昌熾士女所以姣好禮
義所以行而人心所以安也尚書五福以富爲
始子貢問爲政孔子曰富之旣富乃教之也此
治國之本也

文公見咎季其廟傳於西墻公曰孰處而西對
曰君之老臣也公曰西益而宅對曰臣之忠不
如老臣之力其墻壞而不築公曰何不築對曰
一日不稼百日不食公出而告之僕僕頓首於

輶曰呂刑云一人有慶兆民賴之君之明群臣
之福也乃令於國曰毋澀宮室以妨人宅板築
以時無奪農功
楚恭王多寵子而世子之位不定屈建曰楚必
多亂夫一兎走於街萬人追之一人得之萬人
不復走分未定則一兎走使萬人擾分已定則
雖貪夫知止今楚多寵子而嫡位無主亂自是
生矣夫世太子者國之基也而百姓之望也國
既無基又使百姓失望絶其本矣本絶則撓亂

猶兔走也秦王聞之立康王為太子其後竟有
令尹圍公子弃疾之亂也
晉襄公薨嗣君少趙宣子相謂大夫曰立少君
懼多難請立雍雍長出在秦秦大足以為援賈
季曰不若公子樂樂有寵於國先君愛而仕之
翟翟足以為援穆嬴抱太子以呼於庭曰先君
奚罪其嗣亦奚罪舍嫡嗣不立而外求君乎出
朝抱以見宣子曰君難也故欲立長君長君立
而少君壯難乃至矣宣子患之遂立太子也

轅曰呂刑云一人有慶兆民賴之君之明群臣

之福也乃今於國曰毋濡宮室以妨人宅板築

以時無奪農功

楚恭王多寵子而世子之位不定屈建曰楚必

多亂矣一兔走於衢萬人追之一人得之萬人

不復走分未定則一兔走使萬人擾分已定則

雖貪夫知止今楚多寵子而嫡位無主亂自是

生矣夫𢦏太子者國之基也而百姓之望也國

既無基又使百姓失望絕其本矣本絕則撓亂

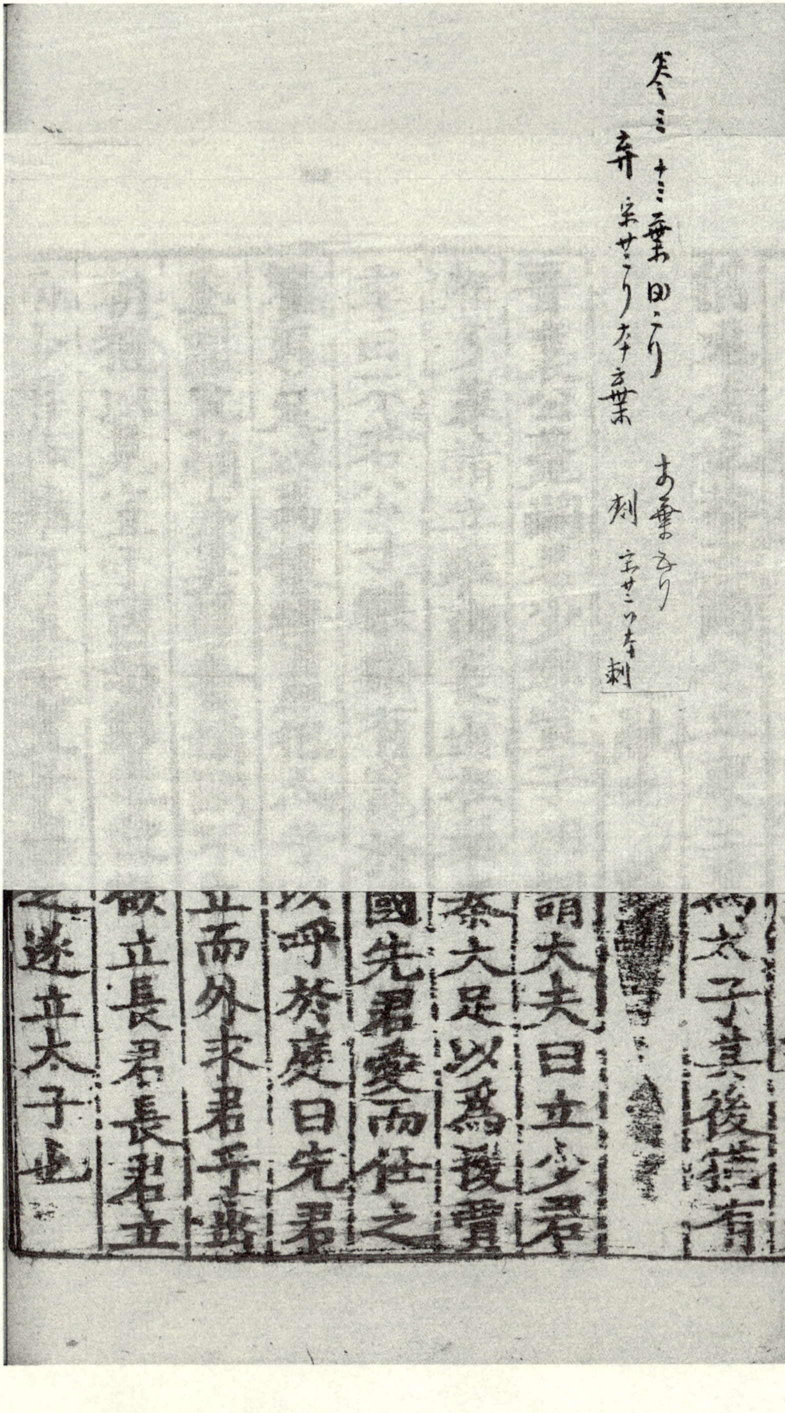
戮太子其後若有
明大夫曰立少君
秦大足以爲援賈
國先君愛而仕之
以呼於庭曰先君
立而外求君乎疌
欲立長君長君立
遂立太子也

趙簡子以襄子爲後董安于曰無恤不才今以
爲後何也簡子曰是其人能爲社稷忍辱異日
智伯與襄子飲而灌襄子之首大夫請殺之襄
子曰先君之立我也曰能爲社稷忍辱豈曰能
剌人哉處十月智伯圍襄子於晉陽襄子疏隊
而擊之大敗智伯漆其首以爲飲器

說苑卷第三

(漢)劉向 撰

宋本説苑

第五册

國家圖書館出版社

刻其行款与新亭同書名上有重校
字樣而不載年月無從知刻在何時
其字句亦稍与此刻異亦有校勘在
程瑩本上可得兩本之優劣在矣是書
非宋刻皆有脫落雖在程瑩本前
之雕刻更甚此雖殘帙真可寶也

六月二日午後檢此又識　蕘夫

道光癸未裝成共兩卷悉照吴槎客本補影
寫全缺葉亦如之差異乎不知而妄作矣若宋
刻廿二行本別有校本在程瑩本上不復校此　蕘夫

時隔廿餘年人與物々變幻不測如是余猶得以一身周旋其間抑何幸耶然亦令人感慨係之矣

道光紀元三月六日士禮居主人黄丕烈識

劉向所著新序説苑於次行必記年号官銜如新序曰陽朔某年此説苑曰鴻嘉某年是也除宋刻外無有如此標題者新序見過兩宋刻一原刻一覆刻行款多同稍有字句之異耳說苑此本出咸淳間重刊又見一宋

王厚齋所見合，故知不特木門子寫一條及尾生句增多為勝也。異日阿和兄弟能讀書時，當一一指而示之。嘉慶丁巳五月廣圻書於黃氏之士禮居

是書越二十五年而重得，寓目幾幾成棄物矣。小讀書堆所藏書，一經散出，無大小盡入他人之室，惟此以殘缺獨存。余卒歸之者，蓋抱沖故後，余又見海昌吳槎客藏本，同此刻，而彼所失者，其第十四卷，卻可借顧本補；顧本所失，亦可借吳本補之。時因顧本扃閉，不輕借人，故未獲兩相鈔補。茲以余可借鈔于吳，故復收于顧也。

此書為余友顧抱沖所藏余于去冬借歸傳校因循半載至今始得竣事而抱沖已下世四五十餘日矣書中缺卷八至卷十三余從周香嚴家借得錢遵王手校宋本補校于余所校本上惜抱沖不及見之也還書之日聊誌數語以記感慨云　嘉慶二年歲在丁巳夏五月二十三日黄丕烈識

家兄得此書以乾隆甲寅除前數日予於乙卯孟陬初日用程榮本校勘尔時意致頗謂不減前人及今風流頓盡可勝浩歎耶因覓圓還書重閱一過時方讀其故友沈芑生所輯韓詩略見君道所引佛時仔肩復思所引亭禮不越皆資攷正近本異訛此當与

嚴臨下而不毀傷宣說之學而未能宣說此三者學而未能嘗安敢不學而居夫子之門乎曾子避席謝之曰參不及宣其學而已

魯人身善織屨妻善織紡而徙於越或謂之曰子必窮魯人曰何也曰屨爲履縞爲冠也而越人徒跣翦髮遊不用之國欲無窮可得乎

說苑卷第二十　鄉貢進士直學胡達之聽役

迪功郎添差充鎮江府府學教授徐　沂

咸淳乙丑九月　迪功郎新差充鎮江府府學教授李　士忱仝重刊

二者則道不可委矣
子貢問子石子不學詩乎子石曰吾暇乎哉父母求吾孝兄弟求吾悌朋友求吾信吾暇乎哉
子貢曰請投吾詩以學於子
公明宣學於曾子三年不讀書曾子曰宣而居參之門三年不學何也公明宣曰安敢不學宣見夫子居宮庭親在叱咤之聲未嘗至於犬馬宣說之學而未能宣見夫子之應賓客恭儉而不懈惰宣說之學而未能宣見夫子之居朝廷

如此乎孔子曰吾聞好諫者思其君食美者念其親吾非以饌爲厚也以其食美而思我親也

晏子病將死斷楹内書焉謂其妻曰楹也語子壯而視之及壯發書書之言曰布帛不窮窮不可飾牛馬不窮窮不可服士不可窮窮不可任窮乎窮乎窮也

仲尼問老聃曰甚矣道之於今難行也吾比執道委質以當世之君而不我受也道之於今難行也老子曰夫説者流於聽言者亂於辭如此

養生者財用古聖人緣人情不忍其親故為之
制禮今則越之吾是以欲倮葬以矯之也昔堯
之葬者空木為櫝葛藟為緘其穿地也下不亂
泉上不泄臭故聖人生易尚死易葬不加於無
用不損於無益謂今費財而厚葬死者不知生
者不得用謬哉可謂重惑矣祁侯曰善遂倮葬
也魯有儉者瓦鬲煮食食之而美盛之土鉶之器
以進孔子孔子受之歡然而悅如受太牢之饋
弟子曰瓦甂陋器也煮食薄膳也而先生何喜

殫斃而腐之於地下或乃今日入而明日出此眞與暴骸於中野何異且夫死者終生之化而物之歸者歸有得至而化者得變是物各反其眞其眞冥冥視之無形聽之無聲乃合道之情夫飾外以誇衆互享外以矯眞使歸者不得至化者不得變是使物各失其然也且吾聞之精神者天之有也形骸者地之有也精神離形而各歸其眞故謂之鬼鬼之爲言歸也其尸塊然獨處豈有知哉享裹之以幣帛多送之以財貨以

曰未卜其夜公曰善舉酒而祭之再拜而出曰
豈過我哉吾託國於晏子也以其家貧善寡人
不欲其淫侈也而况與寡人謀國乎
楊王孫病且死令其子曰吾死欲倮葬以反吾
眞必無易吾意祁侯聞之往諫曰竊聞王孫令
葬必倮而入地必若所聞愚以爲不可令死人
無知則已矣若死有知也是戮尸於地下也將
何以見先人愚以爲不可王孫曰吾將以矯世
也夫厚葬誠無益於死者而世競以相高靡財

惑之國不亡必殘自今以來無以美妾疑妻無以聲樂妨政無以姦情害公無以貨剎示下其有之者是謂伐其根素流於華葉若此者有患無憂有蔥勿弭不如言者盟示之於是君子聞之曰文公其知道乎其不王者猶無佐也

晏子飲景公酒日暮公呼具火晏子辭曰詩曰側弁之俄言失德也屢舞傞傞言失容也既醉以酒既飽以德既醉而出並受其福賓主之禮也醉而不出是謂伐德賓主之罪也嬰以卜其

魯築郎囿季平子欲速成叔孫昭子曰安用其速成也以虐其民其可乎無囿尚可乎惡聞嬉戲之游罷其所治之民乎

衛叔孫文子問於王孫夏曰吾先君之廟小吾欲更之可乎對曰古之君子以儉爲禮今之君子以汰易之夫衛國雖貧豈無文履一奇以易十稷之繡哉以爲非禮也文子乃止

晉文公合諸侯而盟曰吾聞國之昏不由聲色必由姧利好樂聲色者滛也貪姧者惑也夫滛

不聞以妾與馬夫德者得於我又得於彼故可行若淫於奢侈沈於文章不能自反何以守國仲孫它慙而退（它它本皆作忌）

趙簡子乘弊車瘦馬衣羖羊裘其宰進諫曰車新則安馬肥則往来疾狐白之裘温且輕簡子曰吾非不知也吾聞之君子服善則益恭細人服善則益倨我以自備恐有細人之心也傳曰周公位尊愈卑勝敵愈懼家富愈儉故周氏八百餘年此之謂也

之君嘗之臣食之君好之臣服之今君之食也必桂之漿衣練紫之衣狐白之裘此鄰臣之所奢大也詩云不躬不親庶民不信君欲禁之胡不自親乎桓公曰善於是更制練帛之衣大白之冠朝一年而齊國儉也

季文子相魯妾不衣帛馬不食粟仲孫它諫曰子爲魯上卿妾不衣帛馬不食粟人其以子爲愛且不華國也文子曰然乎吾觀國人之父母衣麁食蔬吾是以不敢且吾聞君子以德華國

作色不悅曰夫御廩者寡人寶之所藏也今火災寡人素服辟正殿群臣皆素服而弔至於子大夫而不弔今已復辟矣猶入賀何爲公子成父曰臣聞之天子藏於四海之內諸侯藏於境內大夫藏於其家士庶人藏於篋櫝非其所藏者不有天災必有人患今幸無人患乃有天災不亦善乎文侯喟然歎曰善

齊桓公謂管仲曰吾國甚小而財用甚少而群臣衣服輿馬甚汰吾欲禁之可乎管仲曰臣聞

得觀爲田差三過而不一顧平公作色大怒問田差爾三過而不一顧何爲也田差對曰臣聞說天子者以天下說諸侯者以國說大夫者以官說士者以事說農夫者以食說婦姑者以織桀以奢亡紂以淫敗是以不敢顧也平公曰善乃命左右四去車

魏文侯御廪災文侯素服辟正殿五日群臣皆素服而弔公子成父獨不弔文侯復殿公子成父趨而入賀曰甚大善矣夫御廪之災也文侯

陽而道不拾遺芒卯在朝而四鄰賢士無不相
因而見此三大夫乃魏國之大寶於是經侯默
然不應左解玉具右解環佩委之坐慚然而起
默然不謝趨而出上車驅去魏太子使騎操劍
佩逐與經侯使告經侯曰吾無德所寶不能爲
珠玉所守此寒不可衣飢不可食無爲遺我賊
於是經侯杜門不出傳死

晉平公爲馳逐之車龍旌象色挂之以犀象錯
之以羽芝車成題金千鎰立之於殿下令群臣

勢與其地利既以得矣舉兵而伐之兼國十二開地千里穆公奢主能聽賢納諫故霸制西戎西戎遥於樂誘於利以士其國由離質樸係也

經侯往適魏太子左帶羽玉具劍右帶環佩左光照右右光照左坐有頃太子不視也又不問也經侯曰魏國亦有寶乎太子曰有經侯曰其寶何如太子曰主信臣忠百姓上戴此魏之寶也經侯曰吾所問者非是之謂也乃問其器而已太子曰有徒師沼治魏而市無預賈郄辛治

文章而服者彌侈故曰儉其道也由余出穆公召內史廖而告之曰寡人聞鄰國有聖人敵國之憂也今由余聖人也寡人患之吾將柰何內史廖曰夫戎辟而遼遠未聞中國之聲也君其遺之女樂以亂其政而厚爲由余請期以疎其閒彼君臣有閒然后可圖君曰諾乃以女樂三九遺戎王因爲由余請期戎王果見女樂而好之設酒聽樂終年不遷馬牛羊半死由余歸諫諫不聽遂去入秦穆公迎而拜爲上卿問其兵

下飯於土簋啜於土瓶其地南至交阯北至幽都東西至日所出入莫不賓服堯禪天下虞舜受之作爲食器斬木而裁之銷銅鐵脩其刃猶漆黑之以爲器諸侯侈國之不服者十有三舜禪天下而禹受之作爲祭器漆其外而朱畫其內縵帛爲茵褥觴勺有彩爲飾彌侈而國之不服者三十有二夏后氏以沒殷周受之作爲大器而建九旒食器彫琢觴勺刻鏤四壁四帷茵席彫文此彌侈矣而國之不服者五十有二君好

男女飾美以相矜而能無淫泆者未嘗有也故上不禁枝巧則國貧民侈國貧窮者為姦邪而富足者為淫佚則驅民而為邪也民以為邪因以法隨誅之不赦其罪則是為民設陷也刑罰之起有原人生不塞其本而替其末傷國之道乎文侯曰善以為法服也

秦穆公閑問由余曰古者明王聖帝得國失國當何以也由余曰臣聞之當以儉得之以奢失之穆公曰願聞奢儉之節由余曰臣聞堯有天

陛下坐而待亡耳若陛下欲更之能若堯與禹乎不然無冀也陛下之佐又非也臣恐變之不能存也始皇喟然而嘆遂釋不誅後三年始皇崩二世即位三年而秦亡

魏文侯問李克曰刑罰之源安生李克曰生於姦邪淫佚之行凡姦邪之心飢寒而起淫佚者久飢之詭也彫文刻鏤害農事者也錦繡纂組傷女工者也農事害則飢之本也女工傷則寒之原也飢寒並至而能不爲姦邪者未之有也

少而質素之多也丹朱傲虐好慢淫不脩理化遂以不升今陛下之淫方丹朱而千昆吾桀紂臣恐陛下之十亡也而曾不一存始皇默然久之曰汝何不早言侯生曰陛下之意方乘青雲飄搖於文章之觀自賢自健上侮五帝下凌三王棄素樸就末技陛下亡徵見久矣臣等恐言之無益也而自取死故逃而不敢言今臣必死故為陛下陳之雖不能使陛下不亡欲使陛下自知也始皇曰吾可以變乎侯生曰形已成矣

連屬增累珠玉重寶積襲成山錦繡文綵滿府
有餘婦女倡優數巨萬人鍾鼓之樂流漫無窮
酒食珍味盤錯於前衣服輕暖輿馬文飾所以
自奉麗靡爛漫不可勝極黔首匱竭民力單盡
尚不自知又急誹謗嚴威克下下喑上聾臣等
故去臣等不惜臣之身惜陛下國之亡耳聞古之
明王食足以飽衣足以暖宮室足以處輿馬足以
行故上不見棄於天下不見棄於黔首堯茅茨不
翦采椽不斵土階三等而樂終身者以其文采之

而事之令乃誹謗我吾聞諸生多爲妖言以亂黔首乃使御史悉上諸生諸生傳相告犯法者四百六十餘人皆坑之盧生不得而侯生後得始皇聞之召而見之升阿東之臺臨四通之街將數而車裂之始皇望見侯生大怒曰老虜不良誹謗而主迺敢復見我侯生至仰臺而言曰臣聞知死必勇陛下肯聽臣一言乎始皇曰若欲何言言之侯生曰臣聞禹立誹謗之木欲以知過也今陛下奢侈失本淫泆趨末宮室臺閣

阿房度渭水屬咸陽以象天極閣道絶漢抵營
室也又興驪山之役錮三泉之底關中離宮三
百所關外四百所皆有鍾磬帷帳婦女倡優立
石闕東海上朐山界中以爲秦東門於是有方
士韓客侯生齊客盧生相與謀曰當今時不可
以居上樂以刑殺爲威天下畏罪持祿莫敢盡
忠上不聞過而日驕下懾伏以慢欺而取容諫
者不用而失道滋甚吾黨久居且爲所害乃相
與亡去始皇聞之大怒曰吾異日厚盧生尊爵

故食必常飽然後求美衣必常煖然後求麗居
必常安然後求樂爲可長行可久先質而後文
此聖人之務禽滑釐曰善
秦始皇既兼天下大侈靡即位三十五年猶不
息治大馳道從九原抵雲陽塹山堙谷直通之
厭先王宮室之小乃於豐鎬之間文武之處營
作朝宮渭南山林苑中作前殿阿房東西五百
步南北五千丈上可坐萬人下可建五丈旗周
爲閣道自殿直抵南山之嶺以爲闕爲復道自

以儉鐫之然猶幾不能勝夫奢安可窮哉紂爲鹿臺糟丘酒池肉林宫墻文畫彫琢刻鏤錦繡被堂金玉珎瑋婦女優倡鍾鼓管絃流漫不禁而天下愈竭故卒身死國亡爲天下戮非惟錦繡絺紵之用耶今當凶年有欲予子隨侯之珠者不得賣也珎寶而以爲飾又欲予子一鍾粟者得珠者不得粟得粟者不得珠子將何擇禽滑釐曰吾取粟耳可以救窮墨子曰誠然則惡在事夫奢也長無用好末淫非聖人之所急也

曰惡是非吾用務也古有無文者得之矣夏禹是也卑小宮室損薄飲食土階三等衣裳細布當此之時黻無所用而務在於完堅殼之盤庚大其先王之室而改遷於殷茅茨不剪采椽不斲以變天下之視當此之時文采之帛將安所施夫品庶非有心也以人主爲心苟上不爲下惡用之二王者以化身先于天下故化隆於其時成名於今世也且夫錦繡絺紵亂君之所造也其本皆興於齊景公喜奢而忘儉幸有晏子

衛有五丈夫俱負缶而入井灌韭終日一區鄧析過下車爲教之曰爲機重其後輕其前命曰橋終日溉韭百區不倦五丈夫曰吾師言曰有機知之巧必有機知之敗我非不知也不欲爲也子其往矣我一心溉之不知改已鄧析去行數十里顔色不悅懌自病弟子曰是何人也而恨我君請爲君殺之鄧析曰釋之是所謂真人者也可令守國

禽滑釐問於墨子曰錦繡絺紵將安用之墨子

然者何也由離誠就詐棄樸而取僞也追逐其末而無所休止聖人抑其文而抗其質則天下反矣詩云尸鳩在桑其子七兮淑人君子其儀一兮傳曰尸鳩之所以養七子者一心也君子之所以理萬物者一儀也以一儀理物天心也五者不離合而為一謂之天心在我能因自深結其意於一故一心可以事百君百心不可以事一君是故誠不遠也夫誠者一也一者質也君子雖有外文必不離內質矣

鬼而祭之諂也是以泰山終不享季氏之
旅易稱東鄰殺牛不如西鄰之禴祭盖重
禮不貴物也敬實而不貴華誠有其德而推之
則安往而不可是以聖人見人之文必考其質
歷山之田者善侵畔而舜耕焉雷澤之漁者
善爭陂而舜漁焉東夷之陶器窳而舜陶焉
故耕漁與陶非舜之事而舜為之以救敗也民之
性皆不勝其欲去其實而歸之華是以苦窳之
器爭鬭之患起爭鬭之患起則所以偷也所以

聖周知能不時日而專利敬法令貴功勞不卜
筮而身吉謹仁義順道理不禱祠而福故卜數
擇日潔齋戒肥犧牲飾珪璧精祠祀而終不能
除悖逆之禍以神明有知而事之乃欲背道妄
行而以祠祀求福神明必違之矣天子祭天地
五嶽四瀆諸侯祭社稷大夫祭五祀士祭門戶
庶人祭其先祖聖王承天心制禮分也凡古之
卜日者將以輔道稽疑示有所先而不敢專自
也非欲以顛倒之惡而幸安之全孔子曰非其

說苑卷第二十

鴻嘉四年三月己亥護左都水使者光禄大夫臣劉向上

反質

孔子卦得賁喟然仰而嘆息意不平子張進舉手而問曰師聞賁者吉卦而歎之乎孔子曰賁非正色也是以歎之吾思夫質素白當正白黑當正黑夫質又何也吾亦聞之丹漆不文白玉不彫寶珠不飾何也質有餘者不受飾也

信鬼神者失謀信日者失時何以知其然夫賢

之醜也既無意乎先王之制而又有亡國之聲豈能保七尺之身哉冉有以告子路子路曰由之罪也小人不能耳陷而入於斯宜矣夫子之言也遂自悔不食七日而骨立焉孔子曰由之改進矣

說苑卷第十九

歲申秋鄉山翁吉白重修校正

之動不存乎體夫然者乃治存之風安樂之爲
也彼小人則不然執末以論本務剛以爲基故
其音湫厲而微末以象殺伐之氣和節中正之
感不加乎心溫儼恭莊之動不存乎體夫殺者
乃亂亡之風奔北之爲也昔舜造南風之聲其
興也勃焉至今王公述而不釋紂爲北鄙之聲
其廢也忽焉至今王公以爲笑彼舜以匹夫積
正合仁履中行善而卒以興紂以天子好慢淫
荒剛厲暴賊而卒以滅今由也匹夫之徒布衣

和成容好之聲動人而和氣應之粗厲猛賁之聲動人而怒氣應之鄭衛之聲動人而淫氣應之是以君子慎其所以動人也

子路鼓瑟有北鄙之聲孔子聞之曰信矣由之不才也毋有侍孔子曰求來爾奚不謂由夫先王之制音也奏中聲爲中節流入於南不歸於北南者生育之鄉北者殺伐之域故君子執中以爲本務生以爲基故其音温和而居中以象生育之氣憂哀悲痛之感不加乎心暴厲淫荒

益善詩云既醉以酒既飽以德此之謂也凡從外入者莫深於聲音變人最極故聖人因而成之以德曰樂樂者德之風詩曰威儀抑抑德音秩秩謂禮樂也故君子以禮正外以樂正內內須臾離樂則邪氣生矣外須臾離禮則慢行起矣故古者天子諸侯聽鍾聲未嘗離於庭卿大夫聽琴瑟未嘗離於前所以養正心而滅淫氣也樂之動於內使人易道而好良樂之動於外使人溫恭而文雅雅頌之聲動人而正氣應之

其君驕商亂則陂其官壞角亂則憂其民怨徵亂則哀其事勤羽亂則危其財匱五者皆亂代相凌謂之慢如此則國之滅亡無日矣鄭衛之音亂世之音也比於慢矣桑間濮上之音亡國之音也其政散其民流誣上行私而不可止也凡人之有患禍者生於淫泆暴慢淫泆暴慢之本生於飲酒故古者慎其飲酒之禮使耳聽雅音目視正儀足行正容心論正道故終日飲酒而無過失近者數日遠者數月皆人有德焉以

感者其聲和以調人之善惡非性也感於物而
後動是故先王愼所以感之故禮以定其意樂
以和其性政以一其行刑以防其姦禮樂刑政
其極一也所以同民心而立治道也
凡音生人心者也情動於中而形於聲聲成文
謂之音是故治世之音安以樂其政和亂世之
音怨以怒其政乖亡國之音哀以思其民困聲
音之道與政通矣宮爲君商爲臣角爲民徵爲
事羽爲物五音亂則無法無法之音宮亂則荒

過故曰生民之道樂爲大焉
樂之可密者琴最宜焉君子以其可脩德故近
之凡音之起由人心生也人心之動物使之然
也感於物而後動故形於聲聲相應故生變變
成方謂之音比音而樂之及干戚羽旄謂之樂
樂者音之所由生也其本在人心之感於物是
故其哀心感者其聲噍以殺其樂心感者其聲
嘽以緩其喜心感者其聲發以散其怒心感者
其聲壯以厲其敬心感者其聲直以廉其愛心

石絲竹樂之器也詩言其志歌詠其聲舞動其容三者本於心然後樂氣從之是故情深而文明氣盛而化神和順積中而英華發外惟樂不可以爲僞樂者心之動也聲者樂之象也文彩節奏聲之飾也君子之動本樂其象也後治其飾是故先鼓以警戒三步以見方再始以著往復亂以飭歸奮疾而不拔極幽而不隱獨樂其志不厭其道備舉其道不私其欲是故情見而義立樂終而德尊君子以好善小人以飭聽

以著萬物之理是故清明象天廣大象地終始象四時周旋象風雨五色成文而不亂八風從律而不姦百度得數而有常小大相成終始相生唱和清濁代相爲經故樂行而倫清耳目聰明血氣和平移風易俗天下皆寧故曰樂者樂也君子樂得其道小人樂得其欲以道制欲則樂而不亂以欲忘道則惑而不樂是故君子反情以和其意廣樂以成其教故樂行而民向方可以觀德矣德者性之端也樂者德之華也金

平和之德是以君子賤之也凡姦聲感人而逆氣應之逆氣成象而淫樂興焉正聲感人而順氣應之順氣成象而和樂興焉唱和有應回邪曲直各歸其分而萬物之理以類相動也是故君子反情以和其志比類以成其行姦聲亂色不習於聽淫樂慝禮不接心術惰慢邪僻之氣不設於身體使耳目鼻口心智百體皆由順正以行其義然後發以聲音文以琴瑟動以干戚飾以羽旄從以簫管奮至德之光動四氣之和

和道五常之行使陽而不散陰而不密剛氣不
怒柔氣不懾四暢交於中而發作於外皆安其
位不相奪也然後立之學等廣其節奏省其文
彩以繩德厚律小大之稱比終始之序以象事
行使親疏貴賤長幼男女之理皆形見於樂故
曰樂觀其深矣土敝則草木不長水煩則魚鼈
不大氣衰則生物不遂世亂則禮慝而樂淫是
故其聲哀而不莊樂而不安慢易以犯節流漫
以忘本廣則容姦狹則思欲感滌蕩之氣而滅

樂者聖人之所樂也而可以善民心其感人深
其移風易俗故先王著其教焉夫民有血氣心知
之性而無哀樂喜怒之常應感起物而動然後
心術刑焉是故感激憔悴之音作而民思憂嘽
奔慢易繁文簡節之音作而民康樂粗厲猛奮
廣賁之音作而民剛毅廉直勁正莊誠之音作
而民肅敬寬裕肉好順成和動之音作而民慈
愛流僻邪散狄成滌濫之音作而民淫亂是故
先王本之情性稽之度數制之禮義合生氣之

長幼之序也
鍾聲鏗鏗以立號號以立橫橫以立武君子聽鍾聲則思武臣石聲磬磬以立辯辯以致死君子聽磬聲則思死封疆之臣絲聲哀哀以立廉廉以立志君子聽琴瑟之聲則思志義之臣竹聲濫濫以立會會以聚衆君子聽竽笙簫管之聲則思畜聚之臣鼓鼙之聲讙讙以立動動以進衆君子聽鼓鼙之聲則思將帥之臣君子之聽音非聽其鏗鏘而已彼亦有所合之也

其風以生十二律故仲冬短至則生黃鍾季冬生大呂孟春生太簇仲春生夾鍾季春生沽洗孟夏生仲呂仲夏生蕤賓季夏生林鍾孟秋生夷則仲秋生南呂季秋生無射孟冬生應鍾天地之風氣正十二律至也

聖人作爲鞉鼓椌揭塤篪此六者德音之音然後鍾磬竽瑟以和之然後干戚旄狄以舞之此所以祭先王之廟也此所以獻酢酳酬也所以官序貴賤各得其宜也此可以示後世有尊卑

而均鮮全而不傷其爲宮獨尊象六聖之德可以明至賢之功故奉而薦之于宗廟以歌迎功德世世不忘是故黃鍾生林鍾林鍾生大呂大呂生夷則夷則生太簇太簇生南呂南呂生夾鍾夾鍾生無射無射生沽洗沽洗生應鍾應鍾生蕤賓三分所生益之一分以上生三分所生去其一分以下生黃鍾大呂太簇夾鍾沽洗大呂蕤賓爲上林鍾夷則南呂無射應鍾爲下大聖至治之世天地之氣合以生風日至則日行

趣騶之韶樂方作孔子至彼聞韶三月不知肉味故樂非獨以自樂也又以樂人非獨以自正也又以正人矣哉於此樂者不圖爲樂至於此

黄帝詔泠倫作爲音律泠倫自大夏之西乃之崑崙之陰取竹於解谷以生竅厚薄均者斷兩節間其長九寸而吹之以爲黄鍾之宫日含少次制十二管以崑崙之下聽鳳之鳴以别十二律其雄鳴爲六雌鳴亦六以此黄鍾之宫適合黄鍾之宫皆可生之而律之本也故曰黄鍾微

天下爲無道臣弒其君子弒其父力能討之討之可也當孔子之時上無明天子也故言雍也可使南面南面者天子也雍之所以得稱南面者問子桑伯子於孔子孔子曰可也簡仲弓曰居敬而行簡以道民不亦可乎居簡而行簡無乃太簡乎子曰雍之言然仲弓通於化術孔子明於王道而無以加仲弓之言

孔子至齊郭門之外遇一嬰兒挈一壺相與俱行其視精其心正其行端孔子謂御曰趣驅之

之辭遠若夫置罇爼列籩豆此有司之事也吾子雖勿能可也孔子曰可也簡簡者易野也易野者無禮文也孔子見子桑伯子子桑伯子不衣冠而處弟子曰夫子何爲見此人乎曰其質美而無文吾欲說而文之孔子去子桑伯子門人不說曰何爲見孔子乎曰其質美而文繁吾欲說而去其文故曰文質脩者謂之君子有質而無文謂之易野子桑伯子易野欲同人道於牛馬故仲弓曰太簡上無明天子下無賢方伯

之去三者而可矣公孟不知以告曾子曾子愀然逡巡曰大哉言乎夫外厲者必內折色勝而心自取之者必爲人役是故君子德行成而容不知聞識博而辭不爭知慮微達而能不愚

曾子有疾孟儀往問之曾子曰鳥之將死必有悲聲君子集大辟必有順辭禮有三義知之乎對曰不識也曾子曰坐吾語汝君子脩禮以立志則貪欲之心不來君子思禮以脩身則怠惰慢易之節不至君子脩禮以仁義則忿爭暴亂

莫莫葛藟施于條枚愷悌君子求福不回鬼神且不回況於人乎

孔子曰無體之禮敬也無服之喪憂也無聲之樂懽也不言而信不動而威不施而仁志也鍾鼓之聲怒而擊之則武憂而擊之則悲喜而擊之則樂其志變其聲亦變其志誠通乎金石而況人乎

公孟子高見顓孫子莫曰敢問君子之禮何如顓孫子莫曰去爾外厲與爾內色勝而心自取

則焉
韓褐子濟於河津人告曰夫人過於此者未有不快用着也而子不用乎韓褐子曰天子祭海内之神諸侯祭封域之内大夫祭其親士祭其祖禰褐也未得事河伯也津人申楫舟中水而運津人曰向也役人固已告矣夫子不聽役人之言也今舟中水而運甚殆治裝衣而下遊乎韓子曰吾不爲人之惡我而改吾志不爲我將死而改吾義言未已舟泱然行韓褐子曰詩云

聲先人之色不絕於目聲音咳唾不絕於耳嗜
欲好惡不忘於心是則孝子之齋也
春祭曰祠夏祭曰禴秋祭曰嘗冬祭曰蒸春薦
韭卵夏薦麥魚秋薦黍豚冬薦稻鴈三歲一
袷五年一禘袷者合也禘者諦也袷者大合祭
於祖廟也禘者諦其德而差優劣也聖主將祭
必齋齋精思若親之在方興未登偶偶憧憧專
一想親之容皃彷彿此孝子之誠也四方之助
祭空而來者滿而反虛而至者實而還皆取法

則葬埋之有親喪者不呼其門有齊衰大功五
月不服力役之征有小功之喪者未葬不服力
之征其有重戶多死者急則有聚衆童子擊鼓
苣火入官宮里用之各擊鼓苣火逐官宮里家
之主人冠立于阼事畢出乎里門出乎邑門至
野外此罰罰救厲之道也新大敗亦然
齋者思其居處也思其笑語也思其所爲也齋
三日乃見其所爲齋者祭之日將入戶僾然若
有見乎其容盤旋出戶喟然若有聞乎歎息之

齊宣王謂田過曰吾聞儒者喪親三年喪君三
年君與父孰重田過對曰殆不如父重王忿然
怒曰然則何爲去親而事君田過對曰非君之
土地無以處吾親非君之祿無以養吾親非君
之爵位無以尊顯吾親受之君致之親凡事君
所以爲親也宣王邑邑而無以應

古者有菑者謂之厲君一時素服使有司弔死
問疾憂以巫醫匍匐以救之湯粥以方之善者
必先乎矜寡孤獨及病不能相養死無以葬埋

弦援琴而弦衎衎而樂作而曰先王制禮不敢不及也子曰君子也閔子騫三年之喪畢見於孔子孔子與之琴使之弦援琴而弦切切而悲作而曰先王制禮不敢過也孔子曰君子也子貢問曰閔子哀不盡子曰君子也子夏哀已盡子曰君子也賜也惑敢問何謂孔子曰閔子哀未盡能斷之以禮故曰君子也子夏哀已盡能引而致之故曰君子也夫三年之喪固優者之所屈劣者之所勉

者也使子貢往而觀之其穿深不至泉其斂以時服既葬封壙掩坎其高可隱也既封左袒右旋其封且號者三言曰骨肉歸復于土命也若魂氣則無不之也無不之也而遂行孔子曰延陵季子於禮其合矣

子生三年然後免於父母之懷故制喪三年所以報父母之恩也朞年之喪通乎諸侯三年之喪通乎天子禮之經也

子夏三年之喪畢見於孔子孔子與之琴使之

而殯三月而葬士庶人二日而殯二月而葬皆何以然曰禮不豫凶事死而後治凶服衣衰飾脩棺椁作穿窆宅兆然後喪文成外親畢至葬墳集孝子忠臣之恩厚備盡矣故天子七月而葬同軌畢至諸侯五月而葬同會畢至大夫三月而葬同朝畢至士庶人二月而葬外姻畢至也

延陵季子適齊於其反也其長子死於嬴博之間因葬焉孔子聞之曰延陵季子吳之習於禮

到踝士到髀天子唅實以珠諸侯以玉大夫以璣士以貝庶人以穀實位尊德厚及親者賻賵唅襚享貧富亦有差二三四五之數取之天地而制奇偶度人情而出節文謂之有因禮之大宗也

春秋曰庚戌天王崩傳曰天王何以不書葬天子記崩不記葬必其時也諸侯記卒記葬有天子在不必其時也必其時奈何天子七日而殯七月而葬諸侯五日而殯五月而葬大夫三日

知生者賻賵知死者贈襚贈襚所以送死也賻
賵所以佐生也輿馬束帛貨財衣被玩好其數
柰何曰天子乘馬六匹諸侯四匹大夫三匹元
士二匹下士一匹天子束帛五匹玄三纁二各
五十尺諸侯玄三纁二各三十尺大夫玄一纁
二各三十尺元士玄一纁一各二丈下士綵縵
各一匹庶人布帛各一匹天子之賵乘馬六匹
乘車諸侯四匹乘輿大夫曰參輿元上下士不
用輿天子文繡衣各一襲到地諸侯覆跗大夫

古者兒生三日桑弧蓬矢六射天地四方天地四方者男子之所有事也必有意其所有事然後敢食穀故曰不素飡兮此之謂也

生而相與交通故曰留賓自天子至士各有次贈死不及柩尸弔生不及悲哀非禮也故古者吉行五十里奔喪百里贈賵及事之謂時時禮之大者也春秋曰天王使宰咺來歸惠公仲子之賵賵者何喪事有賵賵者蓋以乘馬束帛輿馬曰賵貨財曰賻衣被曰襚口實曰唅玩好曰贈

主賓客遠人至十二牧行而九州莫敢僻違禹陂九澤通九道定九州各以其職來貢不失厥宜方五千里至于荒服南撫交趾大發西析支渠搜氐羌北至山戎肅慎東至長夷島夷四海之內皆戴帝舜之功於是禹乃興九韶之樂致異物鳳皇來翔天下明德也

射者必心平體正持弓矢審固然後射者能以中詩太大侯既抗弓矢斯張射夫既同獻爾發功此之謂也弧之爲言豫也豫者豫吾意也故

曰暴夭物天子不合圍諸侯不揜群天子殺則
下大綏諸侯殺則下小綏大夫殺則止佐轝佐
轝止則百姓畋獵獺祭魚然後漁人入澤梁鳩
化爲鷹然後設罻羅草木零落然後入山林昆
虫不蟄不以火田不𪊨不卵不夭妖不覆巢此
皆聖人在上君子在位能者在職大德之發者
也是故臯陶爲大理平民各服得其實伯夷主
禮上下皆讓倕爲工師百工致功益主虞山澤
辟成棄主稷百穀時茂契主司徒百姓親和龍

義也故苗獮蒐狩之禮簡其戎事也故苗者毛取之蒐者搜索之狩者守留之夏不田何也曰天地陰陽盛長之時猛獸不攫鷙鳥不搏蝮蠆不螫鳥獸蟲虵且知應天而況人乎哉是以古者必有豢牛其謂之畋何聖人舉事必反本五穀者以奉宗廟養萬民也去禽獸害稼穡者故以田言之聖人作名號而事義可知也

天子諸侯無事則歲三田一為乾豆二為賓客三為充君之庖無事而不田曰不敬田不以禮

移之歲五月南巡狩至于南嶽如東巡狩之禮歲八月西巡狩至于西嶽如南巡狩之禮歲十一月北巡狩至于北嶽如西巡狩之禮歸格于祖禰用特

春秋曰正月公狩于郎傳曰春曰蒐夏曰苗秋曰獮冬曰狩苗者奈何曰苗者毛也取之不圍澤不揜群取禽不麛卵不殺孕重者春蒐者不殺小麛及孕重者冬狩皆取之百姓皆出不失其馳不抵禽不詭遇逐不出防此苗獮蒐狩之

師陳詩以觀民風命市納賈以觀民之所好惡志淫好僻者命典禮考時月定日同律禮樂制度衣服正之山川神祇有不舉者爲不敬不敬者君黜以爵宗廟有不順者爲不孝不孝者君削其地有功澤於民者然後加地入其境土地辟除敬老尊賢則有慶益其地入其境土地荒穢遺老失賢掊克在位則有讓削其地一不朝者黜其爵再不朝者黜其地三不朝者以六師

財侈物而無仁義功德則無所用其餘財侈物故其民皆與仁義而賤財利賤財利則不爭不爭則強不凌弱衆不暴寡是唐虞所以興象刑而民莫敢犯法而亂斯止矣詩云告爾民人謹爾侯度用戒不虞此之謂也

天子曰巡狩諸侯曰述職巡狩者巡其所守也述職者述其所職也春省耕助不給也秋省斂助不足也天子五年一巡狩歲二月東巡狩至于東嶽柴而望祀山川見諸侯問百年者命太

侯貢士一不適謂之過再不適謂之慠三不適謂之誣誣者天子黜之一黜以爵再黜以地三黜而地畢諸侯有不貢士謂之不率正不率正者天子黜之一黜以爵再黜以地三黜而地畢然後天子比年秩官之無文者而黜之以諸侯之所貢士代之詩云濟濟多士文王以寧此之謂也古者必有命民命民能敬長憐孤取舍好讓居事力者命於其君命然後得乘飾輿駢馬未得命者不得乘乘者皆有罰故其民雖有餘

爲贄鴈者行列有長幼之禮故大夫以爲贄士以雉爲贄雉者不可指食籠狎而服之故士以雉爲贄庶人以鶩爲贄鶩者鶩鶩也鶩鶩無它心故庶人以鶩爲贄贄者所以質也

諸侯三年一貢士士一適謂之好德再適謂之尊賢三適謂之有功有功者天子一賜以輿服弓矢再賜以鬯三賜以虎賁百人號曰命諸侯命諸侯者鄰國有臣弒其君孽弒其宗雖不請乎天子而征之可也已征而歸其地于天子諸

得秦埶
春秋曰
也昌六
曰高六
君之六
子不口
祖之六
寢立中
成周廾

承明丝
承明繼
謂之承
侯三宿
大小之
天子以
天下暢
以圭爲
於中必
羔者羊

繼體守文之君之寢曰左右之一作大路寢
承明何曰承乎明堂之後者也故天子諸
侯立而名實正父子之義章尊卑之事別
之德異矣
以鬯爲贄鬯者百一作香草之本也上暢於
物於地無所不暢故天子以鬯爲贄諸侯
爲贄以圭者圭也薄而不撓廉而不劌有瑕
必見於外故諸侯以玉爲贄卿以羔爲贄
干也羊群而不黨故卿以爲贄大夫以鴈

執箕篲之事敢不敬拜

曰壬申公薨于高寢傳曰高寢者何正寢

爲或言高寢或言路寢曰諸侯正寢三一

寢二曰左路寢三曰右路寢高寢者始封

寢也二路寢者繼體之君寢也其二何曰

祐父之寢故二寢繼體君世世不可居高

寢故有高寢名曰高也路寢其立奈何高

寢路寢左右春秋曰天王入于成周傳曰

者何東周也然則天子之寢奈何曰亦三

以爲〻與皮弁公爲〻子元服冠古之夏公如諸侯以脩二曰之屨曲

諭於祝荅〻而命爾心〻引手門夫先行使其貞女

傳母之教得承執衣裳之事敢不敬拜祝
拜夫人受琮取一兩屨以屨女正笄衣裳
之曰往矣善事爾舅姑以順爲宮室無二
無敢回也女拜乃親引其手授夫乎户夫
出户夫行女從拜辭父于堂拜諸母於大
先升輿執轡女乃升輿轂三轉然後夫下
大夫士庶人稱其父曰某之父某之師友
執不珍之屨不珍之束脩敢不敬禮某氏
母曰有草茅之產未習於織紝紡績之事

王卿爲賓饗之以三獻之禮公始加玄端
弁皆必朝服玄冕四加諸侯太子庶子冠
主其禮與上同冠於祖廟曰令月吉日加
服去爾幼志順爾成德冠禮十九見正而
之通禮也
娶齊逆女何以書親迎禮也其禮奈何曰
以纁二兩加琮大夫庶人以纁二兩加束
曰某國寡小君使寡人奉不珍之琮不珍
禮夫人貞女夫人曰有幽室數辱之産未

冠以厲其心故君子成人必冠帶以行事棄幼少嬉戲惰慢之心而衎衎於進德脩業之志是故服不成象而內心不變內心脩德外被禮文所以成顯令之名也是故皮弁素積百王不易既以脩德又以正容孔子曰正其衣冠尊其瞻視儼然人望而畏之不亦威而不猛乎

成王將冠周公使祝雍祝王曰達而勿多也祝雍曰使王近於民遠於佞嗇於時惠於財任賢使能於此始成之時祝辭四加而後退公冠自

處也必有與也何其父也必有以也惟有以者爲能長生久視而無累於物也

知天道者冠鉥知地道者履蹻能治煩決亂者佩觿能射御者佩韘能正三軍者搢笏衣必荷規而承矩負繩而準下故君子衣服中而容皃得接其服而象其德故望玉貌而行能有所定矣詩曰芄蘭之枝童子佩觿說行能者也

冠者所以別成人也脩德束躬以自申飭所以檢其邪心守其正意也君子始冠必祝成禮加

以忠其以入鄉曲和以順其以入州里族黨之
中和以親詩曰溫溫恭人惟德之基孔子曰恭
近於禮遠恥辱也
衣服容皃者所以悅目也聲音應對者所以悅
耳也嗜慾好惡者所以悅心也君子衣服中容
貌得則民之目悅矣言語順應對給則民之耳
悅矣就仁去不仁則民之心悅矣三者存乎心
暢乎體形乎動静雖不在位謂之素行故忠心
好善而日新之獨居樂德内悅而形詩曰何其

人厭之矣吾欲得天下勇士與之圖國晏子對曰君子無禮是庶人也庶人無禮是禽獸也夫臣勇多則弑其君子力多則弑其長然而不敢者惟禮之謂也禮者所以御民也轡者所以御馬也無禮而能治國家者嬰未之聞也景公曰善乃飭射更席以爲上客終日問禮

書曰五事一曰貌貌者男子之所以恭敬婦人之所以姣好也行步中矩折旋中規立則磬折拱則抱鼓其以入君朝尊以嚴其以入宗廟敬

詩曰左之左之君子宜之右之右之君子有之

傳曰君子者無所不宜也是故韠冕黼黻立乎廟堂之上有司執事無不敬者斬衰苴絰杖立于喪次賓客弔唁無不哀者被甲嬰冑立于桴鼓之間士卒莫不勇者故仁足以懷百姓勇足以安危國信足以結諸侯強足以拒患難威足以率三軍故曰為左亦宜為右亦宜為君子無不宜者此之謂也

[illegible]景公登射晏子脩禮而待公曰選射之禮寡

莫如文故周人教以文而君子文矣小人之失薄救薄莫如忠故聖人之與聖也如矩之三雜規之三雜周則又始窮則反本也詩曰彫琢其章金玉其相言文質美也

傳曰觸情從欲謂之禽獸苟可而行謂之野人安故重遷謂之衆庶辨然通古今之道謂之士進賢達能謂之大夫敬上愛下謂之諸侯天覆地載謂之天子是故士服黼大夫黻諸侯火天子山龍德彌盛者文彌縟中彌理者文彌章也

積恩爲愛積愛爲仁積仁爲靈靈臺之所以爲靈者積仁也神靈者天地之本而爲萬物之始也是故文王始接民以仁而天下莫不仁焉文德之至也德不至則不能文商者常也常者質質主天夏者大也大者文也文主地故王者一商一夏再而復者也正色三而復者也味尚甘聲尚宮一而復者故三王術如循環故夏后氏教以忠而君子忠矣小人之失野救野莫如敬故殷人教以敬而君子敬矣小人之失鬼救鬼

說苑卷第十九

鴻嘉四年三月己亥護左都水使者光禄大夫臣劉向上

脩文

天下有道則禮樂征伐自天子出夫功成制禮治定作樂禮樂者行化之大者也孔子曰移風易俗莫善於樂安上治民莫善於禮是故聖王脩禮文設庠序陳鍾鼓天子辟雍諸侯泮宫所以行德化詩云鎬京辟雍自西自東自南自北無思不服此之謂也

說苑卷第十八

無知恐不孝子孫棄不葬也賜欲知死人有知將無知也一死徐自知之猶未晚也

王子建出守於城父與成公乾遇於疇中問曰是何也成公乾曰疇也疇也者何也所以爲麻也麻也者何也曰所以爲衣也成公乾曰昔者莊王伐陳舍於有蕭氏謂路室之人曰巷其不善乎何溝之下浚也莊王猶知巷之不善溝之不浚今吾子不知疇之爲麻麻之爲衣吾子其不主社稷乎王子果不立

丈夫北面倖乎盧稱無罪焉公覺召晏子而告其所夢公曰我其嘗殺不辜而誅無罪耶晏子對曰昔者先君靈公畋五丈夫罟而駭獸故殺之斷其首而葬之曰五丈夫之丘其此耶公令人掘而求之則五頭同穴而存焉公曰嘻令吏葬之國人不知其夢也曰君憫白骨而況於生者乎不遺餘力矣不釋餘智矣故曰人君之爲善易矣

子貢問孔子死人有知無知也孔子曰吾欲言死者有知也恐孝子順孫妨生以送死也欲言

鼓之其音同也孔子出而弟子有吒者問誰也曰回也孔子曰回何爲而吒回曰今者有哭者其音甚悲非獨哭死又哭生離者孔子曰何以知之回曰似完山之鳥孔子曰何如回曰完山之鳥生四子羽翼已成乃離四海哀鳴送之爲是往而不復返也孔子使人問哭者哭者曰父死家貧賣子以葬之將與其別也孔子曰善哉

聖人也

景公畋於梧丘夜猶蚤公姑坐睡而夢有五丈

人矣先生不有之則先犬馬填溝壑矣言未已涕泣沾襟扁鵲遂爲診之先造軒光之竈八成之湯砥針礪石取三陽五輸子容擣藥子明吹耳陽儀反神子越扶形子遊矯摩太子遂得復生天下聞之皆曰扁鵲能生死人鵲辭曰予非能生死人也特使夫當生者活耳夫死者猶不可藥而生也悲夫亂君之治不可藥而息也詩曰多將熇熇不可救藥甚之之辭也

孔子晨立堂上聞哭者聲音甚悲孔子援琴而

爲生人故曰俞柎子之方能若是乎扁鵲曰不
能中庶子曰子之方如此譬若以管窺天以錐
刺地所窺者甚大所見者甚少鈞若子之方豈
足以變駭童子哉扁鵲曰不然物故有昧揥而
中蛟頭掩目而別白黑者太子之疾所謂尸蹶
者也以爲不然入診之太子股陰當温耳中焦
焦如有嘯者聲然者皆可治也中庶子入報趙
王趙王跣而趨出門曰先生遠辱幸臨寡人先
生幸而有之則糞土之息得蒙天履地而長爲

扁鵲過趙趙王太子暴疾而死鵲造宮門曰吾聞國中卒有壤土之事得無有急乎中庶子之好方者應之曰然王太子暴疾而死扁鵲曰入言鄭醫秦越人能活太子中庶子難之曰吾聞上古之爲醫者曰苗父苗父之爲醫也以菅爲席以芻爲狗北面而祝發十言耳諸扶而來者舉而來者皆平復如故子之方能如此乎扁鵲曰不能又曰吾聞中古之爲醫者曰俞柎俞柎之爲醫也搦腦髓束肓莫炊灼九竅而定經絡死人復

也馬生牛牛生馬雜牧也此非翟之妖也簡子曰然則翟之妖奚也對曰其國數散其君幼弱其諸卿貨其大夫比黨以來祿爵其百官肆斷而無告其政令不竟而數化其士巧貪而有怨此其妖也

哀公射而中稷其口疾不肉食祠稷而善卜之巫官巫官變曰稷負五種託株而從天下未至於地而株絕獵谷之老人張祍以受之何不告祀之公從之而疾去

當生蒺藜平公曰今爲之柰何師曠曰妖已在前無可柰何入來月八日脩百官立太子君將死矣至來月八日平旦謂師曠曰叟以今日爲期寡人如何師曠不樂謁歸歸未幾而平公死乃知師曠神明矣

趙簡子問於翟封荼曰吾聞翟雨穀三日信乎曰信又聞雨血三日信乎曰信又聞馬生牛牛生馬信乎曰信簡子曰大哉妖亦足以亡國矣對曰雨穀三日䖟風之所飄也雨血三日鷙鳥擊於上

言之矣一自誣者窮再自誣者辱三自誣者死
今烏爲狐裘之故非吾君之德義也君柰何而
再自誣乎平公不說異日置酒虒祁之臺使郎
中馬章布蒺藜於階上令人召師曠師曠至履
而上堂平公曰安有人臣履而上人主堂者乎
師曠解履刺足伏別膝仰天而歎公起引之曰
今者與叟戲叟遽憂乎對曰憂夫肉自生蟲而
還自食也木自生蠹而還自刻也人自興妖而
還自賊也五鼎之具不當生藜藿人主堂廟不

食猬猬食鵕鸃鵕鸃食豹豹食駮駮食虎夫駮之狀有似駮馬今者君之出必驂駮馬而出畋乎公曰然師曠曰臣聞之一自誣者窮再自誣者辱三自誣者君奈何一自誣乎平公異日出朝有鳥環平公不去平公顧謂師曠曰吾聞之也霸王之主鳳下之今者出朝有鳥環寡人終朝不去是其鳳鳥乎師曠曰東方有鳥名諫珂其爲鳥也文身而朱足憎鳥而愛狐今者吾君必衣狐裘以出朝乎平公曰然師曠曰臣已嘗

族適至日三年虢乃亡

晉平公築虒祁之室石有言者平公問於師曠曰石何故言對曰石不能言有神馮焉不然民聽之濫也臣聞之作事不時怨讟動于民則有非言之物而言今宮室崇侈民力屈盡百姓疾怨莫安其性石言不亦可乎

晉平公出畋見乳虎伏而不動顧謂師曠曰吾聞之也霸王之主出則猛獸伏不敢起今者寡人出見乳虎伏而不動此其猛獸乎師曠曰鵲

公拜頓首覺召史嚚占之嚚曰如君之言則蓐收也天之罰神也天事官成公使囚之且使國人賀夢舟之僑告其諸侯曰虢不久吾乃今知之君不度而嘉大國之襲於已也何瘳聞之曰大國無道小國襲焉曰服小國傲大國襲焉曰誅民疾君之侈也是以由於逆命今嘉其夢侈必展是天奪之鑑而益其疾也民疾其態天又誑之大國來誅出令而逆宗國既卑諸侯遠已外內無親其誰云救之吾不忍俟將行以其

不知人鬼耶意厲鬼也子産曰君之明子爲政其何厲之有僑聞之昔鯀違帝命殛之于羽山化爲黃熊以入于羽淵是爲夏郊三代舉之夫鬼神之所及非其族類則紹其同位是故天子祠上帝公侯祠百神自卿以下不過其族今周室少卑晉實繼之其或者未舉夏郊也宣子以告祀夏郊董伯爲尸五日瘳公見子産賜之莒鼎

虢公夢在廟有神人面白毛虎爪執鉞立在西阿公懼而走神曰無走帝今日使晉襲于爾門

水萍獨以安孔子歸弟子請問孔子曰異時小
兒謠曰楚王渡江得萍實大如拳赤如日剖而
食之美如蜜此楚之應也兒又有兩兩相牽屈
一足而跳曰天將大雨商羊起舞今齊獲之亦
其應也夫謠之後未嘗不有應隨者也故聖人
非獨守道而已也睹物記也即得其應矣
鄭簡公使公孫成子來聘於晉平公有疾韓宣
子贊授館客客問君疾對曰君之疾久矣上下
神祇無不遍諭也而無除今夢黃熊入於寢門

孔子曰以吾所聞非狗乃羊也木之怪夔罔兩水之怪龍罔象土之怪羵羊也非狗也桓子曰善哉

楚昭王渡江有物大如斗直觸王舟止於舟中昭王大怪之使聘問孔子孔子曰此名萍實令剖而食之惟霸者能獲之此吉祥也其後齊有飛鳥一足來下止于殿前舒翅而跳齊侯大怪之又使聘問孔子孔子曰此名商羊急告民趣治溝渠天將大雨於是如之天果大雨諸國皆

石砮矢長尺有咫陳侯使問孔子孔子曰隼之來也遠矣此肅慎氏之矢也昔武王克商通道九夷百蠻使各以其方賄來貢思無忘職業於是肅慎氏貢楛矢石砮長尺有咫先王欲昭其令德之致故銘其栝曰肅慎氏貢楛矢以勞大姬配虞胡公而封諸陳分同姓以珍玉展親也分別姓以遠方職貢使無忘服也故分陳以肅慎之矢試求之故府果得焉

季桓子穿井得土缶中有羊以問孔子言得狗

禹殺而戮之其骨節專車此爲大矣使者曰誰爲神孔子曰山川之靈足以紀綱天下者其守爲神社稷爲公侯山川之祀爲諸侯皆屬於王者曰防風氏何守孔子曰汪芒氏之君守封嵎之山者也其神爲釐姓在虞夏爲防風氏商爲汪芒氏於周爲長狄氏今謂之大人使者曰人長幾何孔子曰僬僥氏三尺短之至也長者不過十數之極也使者曰善哉聖人也

仲尼在陳有隼集于陳侯之廷而死楛矢貫之

走馬前者管仲曰事必濟此人知道之神也走馬前者導也左袪衣者前有水也從左方渡行十里果有水曰遼水表之從左方渡至踝從右方渡至膝[illegible]渡事果濟桓公再拜管仲馬前曰仲父之聖至如是寡人得罪久矣管仲曰夷吾聞之聖人先知無形今已有形乃知之是夷吾善承教非聖也

吴伐越隳會稽得骨專車使使問孔子曰骨何者最大孔子曰禹致群臣會稽山防風氏後至

史過從至虢虢公亦使祝史請土焉内史過歸告王曰虢必亡矣不禋於神而求福焉神必禍之不親於民而求用焉民必違之精意以享禋也慈保庶民親也今虢公動匱百姓以盈其違離民怒神怨而求利焉不亦難乎十九年晉取虢也

齊桓公北征孤竹未至卑耳谿中十里闟然而止瞠然而視有頃奉矢未敢發也喟然歎曰事其不濟乎有人長尺冠冕大人物具焉左袪衣

生穆王焉是監燭周之子孫而福禍之夫一神
不遠徙遷若由是觀之其丹朱耶王曰其誰受
之對曰在虢土曰然則何爲對曰臣聞之道而
得神是謂豐福淫而得神是謂貪禍今虢少荒
其亡也王曰吾其奈何對曰使太宰以祝史率
狸姓奉犧牲粢盛玉帛往獻焉無有祈也王曰
虢其幾何對曰昔堯臨民以五今其胄見鬼神
之見也不失其物若由是觀之不過五年王使
太宰忌父率傅氏及祝奉犧牲玉觴往獻焉内

佚荒怠蕪穢暴虐其政腥臊馨香不登其刑矯
誣百姓攜貳明神不蠲而民有遠意民神痛怨
無所依懷故神亦往焉觀其苛慝而降之禍是
以或見神而興亦有以亡昔夏之興也祝融降
于崇山其亡也回祿信於亭隧商之興也檮杌
次於丕山其亡也夷羊在牧周之興也鸑鷟鳴
於岐山其衰也杜伯射宣王於鎬是皆明神之
紀者也王曰今是何神也對曰昔昭王娶于房
曰房后是有爽德協于丹朱丹朱憑身以儀之

不加則君子不饗其質政令不施則君子不臣其人譯曰吾受命於吾國之黃髮久矣天之無烈風淫雨意中國有聖人耶有則盍朝之然後周公敬受其所以來矣

周惠王十五年有神降于莘王問於内史過曰是何故有之乎對曰有之國將興其君齊明中正精潔惠和其德足以昭其馨香其惠足以同其民人神饗而民聽民神無怨故明神降焉觀其政德而均布福焉國將亡其君貪冒淫僻邪

有一士忽微哉斐然成章虛無則精以和動作則靈以化於戲允哉君子辟神也觀彼威儀遊燕幽間有似鳳也書曰鳥獸鶬鶬鳳皇來儀此之謂也

成王時有三苗貫桑而生同爲一秀大幾盈車民得而上之成王成王問周公此何也周公曰三苗同秀爲一意天下其和而爲一乎後三年則越裳氏重譯而朝曰道路悠遠山川阻深恐一使之不通故重三譯而來朝也周公曰德澤

帝竹實棲帝梧樹終身不去詩云鳳凰鳴矣于彼高岡梧桐生矣于彼朝陽菶菶萋萋雍雍喈喈此之謂也靈龜文五色似玉似金背陰向陽上隆象天下平法地槃衍象山四趾轉運應四時文著象二十八宿蛇頭龍翅左精象日右精象月千歲之化下氣上通能知存亡吉凶之變寧則信信如也動則著矣神能爲高能爲下能爲大能爲小能爲幽能爲明能爲短能爲長昭乎其高也淵乎其下也薄乎天光高乎其著也一

音合鼓延頸奮翼五光備舉光興八風氣降時
雨此謂鳳像夫惟鳳爲能究萬物通天祉象百
狀達于道去則有災見則有福覽九州觀八極
備文武正王國嚴照四方仁聖皆伏故得鳳之
像一者鳳過之得二者鳳下之得三者則春秋
下之得四者則四時下之得五者則終身居之
黃帝曰於戲盛哉於是乃備黃冕帶黃紳齋于
中宮鳳乃蔽日而降黃帝降自東階西面啓首
曰皇天降茲敢不承命於是鳳乃遂集東囿食

有質文也幽閒則循循如也動則有容儀黃帝即位惟聖恩承天明道一脩惟仁是行宇內和平未見鳳凰維思影像夙夜晨興於是乃問天老曰鳳像何如天老曰夫鳳鴻前麟後蛇頸魚尾鶴植鴛鴦思麗化枯折所志龍文龜身燕喙雞噣駢翼而中注首戴德項揭義背負仁心信智食則有質飲則有儀往則有文來則有嘉晨鳴曰發明晝鳴曰保長飛鳴曰上翔集鳴曰歸昌昌翼挾義衷抱忠足履正尾繫武小聲合金大

度量權衡以黍生之爲一分十分爲一寸十寸
爲一尺十尺爲一丈十六黍爲一豆六豆爲一
銖二十四銖重一兩十六兩爲一斤三十斤爲
一鈞四鈞重一石千二百黍爲一龠十龠爲一
合十合爲一升十升爲一斗十斗爲一石
凡六經帝王之所著莫不致四靈焉德盛則以
爲畜治平則時氣至矣故麒麟麕身牛尾圓頂
一角含仁懷義音中律呂行步中規折旋中矩
擇土而踐位平然後處不群居不旅行紛兮其

生齒八歲而毀齒二八十六而精小通女七月
而生齒七歲而毀齒二七十四而精化小通不
肖者精化始至矣而生氣感動觸情縱欲故反
施亂化詩云乃如之人懷婚姻也大無信也不
知命也賢者不然精化填盈後傷時之不可過
也不見道端乃陳情欲以歌詩曰靜女其姝俟
我乎城隅愛而不見搔首踟躕瞻彼日月遙遙
我思道之云遠曷云能來急時之辭也甚爲故
稱日月也

而民盡得種樹景公曰善哉晏子之言可無用
乎其惟有德也
夫天地有德合則生氣有精矣陰陽消息則變
化有時矣時得而治矣時得而化矣時失而亂
矣是故人生而不具者五目無見不能食不能
行不能言不能施化故三月達眼而後能見七
月生齒而後能食期年生臏而後能行三年顋
合而後能言十六精通而後能施化陰窮反陽
陽窮反陰故陰以陽變陽以陰變故男八月而

少賦斂以祠靈山可乎群臣莫對晏子進曰不可祠此無益也夫靈山固以石爲身以草木爲髮天久不雨髮將焦身將熱彼獨不欲雨乎祠之無益景公曰不然吾欲祠河伯可乎晏子曰不可祠此無益也夫河伯以水爲國以魚鼈爲民天久不雨水泉將下百川竭國將亡民將滅矣彼獨不用雨乎祠之何益景公曰今爲之奈何晏子曰君誠避宫殿暴露與靈山河伯共憂其幸而雨乎於是景公出野暴露三日天果大

上減陽精以賤乘貴以卑陵尊大逆不義故鳴鼓而懾之朱絲縈而劫之由此觀之春秋乃正天下之位徵陰陽之失直責逆者不避其難是亦春秋之不畏強禦也故劫嚴社而不爲驚靈出天王而不爲不尊上辭蒯聵之命不爲不聽其父絶文姜之屬而不爲不愛其母其義之盡耶其義之盡耶

齊大旱之時景公召羣臣問曰天不雨久矣民且有饑色吾使人卜之祟在高山廣水寡人欲

夫水旱俱天下陰陽所爲也大旱則雩祭而請雨大水則鳴鼓而劫社何也曰陽者陰之長也其在鳥則雄爲陽雌爲陰其在獸則牡爲陽而牝爲陰其在民則夫爲陽而婦爲陰其在家則父爲陽而子爲陰其在國則君爲陽而臣爲陰故陽貴而陰賤陽尊而陰卑天之道也今大旱者陽氣太盛以厭於陰陰厭陽固陽其填也惟填厭之太甚使陰不能起也亦雩祭拜請而已無敢加也至於大水及日蝕者皆陰氣太盛而

前辭曰騫爲君禳梟而殺之君謂騫曰子之道
若此其明也亦能益寡人壽乎騫曰能今且大
祭爲君請壽故將往以聞晏子曰嘻亦善矣能
爲君請壽也雖然吾聞之惟以政與德順乎神
爲可以益壽今徒祭可以益壽乎然則福名有
見乎對曰得壽地將動晏子曰騫昔吾見維星
絶樞星散地其動汝以是乎栢常騫俯有閒仰
而對曰然晏子曰爲之無益不爲無損也薄賦
歛無費民且令君知之

其聲無不爲也吾惡之甚是以不通焉柏常騫
曰臣請禳而去之公曰何具對曰築新室爲置
白茅焉公使為室成置白茅焉柏常騫夜用事
明日問公曰今昔聞鴞聲乎公曰一鳴而不復
聞使人往視之鴞當陛布翼伏地而死公曰子
之道若此其明也亦能益寡人壽乎對曰能公
曰能益幾何對曰天子九諸侯七大夫五公曰
亦有徵兆之見乎對曰得壽地且動公喜令百
官趣具騫之所求柏常騫出遭晏子於塗拜焉

視三公也
四瀆者何謂也江河淮濟也四瀆何以視諸侯
能蕩滌垢濁焉能通百川於海焉能出雲雨千
里焉爲施甚大故視諸侯也
山川何以視子男也能出物焉能潤澤物焉能
生雲雨爲恩多然品類以百數故視子男也書
曰禋于六宗望秩于山川徧于群神矣
齊景公爲露寢之臺成而不通焉栢常騫曰爲
臺甚急臺成君何爲不通焉公曰然梟昔者鳴

商亡今周德如二代之季矣其川源塞塞必竭夫國必依山川山崩川竭亡之徵也川竭山必崩若國亡不過十年數之紀也天之所棄不過紀是歲也三川竭岐山崩十一年幽王乃滅周乃東遷

五嶽者何謂也泰山東嶽也霍山南嶽也華山西嶽也常山北嶽也嵩高山中嶽也五嶽何以視三公能大布雲雨焉能大斂雲雨焉雲觸石而出膚寸而合不崇朝而雨天下施德博大故

失其性高者黍中者稷下者秔蒲葦菅蒯之用不乏麻麥黍粱亦不盡山林禽獸川澤魚鼈滋殖王者京師四通而致之

周幽王二年西周三川皆震伯陽父曰周將亡矣夫天地之氣不失其序若過其序民亂之也陽伏而不能出陰迫而不能烝於是有地震今三川震是陽失其所而填陰也陽溢而壯陰源必塞國必亡夫水土演而民用足也土無所演民乏財用不亡何待昔伊雒竭而夏亡河竭而

惡及即位日月薄蝕山林淪亡辰星出於四孟
太白經天而行無雲而雷枉矢夜光熒惑襲月
孽火燒宮野禽戲庭都門內崩天變動於上群
臣昏於朝百姓亂於下遂不察是以亡也
八荒之內有四海四海之內有九州天子處中
州而制八方耳兩河間曰冀州河南曰豫州河
西曰雍州漢南曰荆州江南曰揚州濟河間曰
兗州濟東曰徐州燕曰幽州齊曰青州山川汙
澤陵陸丘阜五土之宜聖王就其勢因其便不

下布之民故天子南面視四星之中知民之緩急急則不賦藉不舉力役書曰敬授民時詩曰物其有矣維其時矣物之所以有而不絕者以其動之時也

易曰天垂象見吉凶聖人則之昔者高宗成王感於雊雉暴風之變脩身自改而享豐昌之福也逮秦皇帝即位彗星四見蝗蟲蔽天冬雷夏凍石隕東郡大人出臨洮妖孽並見熒惑守心星茀太角太角以亡終不能改二世立又重其

鎮星四曰太白五曰辰星攙槍彗孛旬始枉矢蚩尤之旗皆五星盈縮之所生也五星之所犯各以金木水火土爲占春秋冬夏伏見有時失其常離其時則爲變異得其時居其常是謂吉祥古者有主四時者主春者張昏而中可以種穀上告于天子下布之民主夏者大火昏而中可以種黍菽上告于天子下布之民主秋者虛昏而中可以種麥上告于天子下布之民主冬者昴昏而中可以斬伐田獵蓋藏上告之天子

一成於二備於三周於四行於五是故玄象著
明莫大於日月察變之動莫著於五星天之五
星運氣於五行其初猶發於陰陽而化極萬一
千五百二十所謂二十八星者東方曰角亢氐
房心尾箕北方曰斗牛須女虛危營室東壁西
方曰奎婁胃昴畢觜參南方曰東井輿鬼柳七
星張翼軫所謂宿者日月五星之所宿也其在
宿運外內者以官名別其根荄皆發於地而華
形於天所謂五星者一曰歲星二曰熒惑三曰

明之故夫天文地理人情之效存於心則聖智之府是故古者聖王既臨天下必變四時定律歷考天文揆時變登靈臺以望氣氛故堯曰咨爾舜天之歷數在爾躬允執其中四海困窮書曰在璿璣玉衡以齊七政璿璣謂北辰勾陳樞星也以其魁杓之所指二十八宿爲吉凶禍福天文列舍盈縮之占各以類爲驗夫占變之道二而已矣二者陰陽之數也故易曰一陰一陽之謂道道也者物之動莫不由道也是故發於

說苑卷第十八

鴻嘉四年三月己亥護左都水使者光祿大夫臣劉向上

辨物

顏淵問於仲尼曰成人之行何若子曰成人之行達乎情性之理通乎物類之變知幽明之故睹遊氣之源若此而可謂成人既知天道行躬以仁義飭身以禮樂夫仁義禮樂成人之行也窮神知化德之盛也

易曰仰以觀於天文俯以察於地理是故知幽

不通矣

說苑卷第十七

齊景公問晏子曰寡人自以坐地二三子皆坐地吾子獨搴草而坐之何也晏子對曰嬰聞之唯喪與獄坐於地今不敢以喪獄之事侍於君矣

齊高廷問於孔子曰廷不曠山不直地衣蓑提執精氣以問事君之道願夫子告之孔子曰貞以幹之敬以輔之待人無倦見君子則舉之見小人則退之去爾惡心而忠與之敏其行脩其禮千里之外親如兄弟若行不敏禮不合對門

治而後孝子生焉民爭不分而後慈惠生焉道
逆時反而後權謀生焉凡善之生也皆學之所
里一室之中必有王道焉父母之謂也故君正
則百姓治父母正則子孫孝慈是以孔子家兒
不知罵曾子家兒不知怒所以然者生而善教
也夫仁者好合人不仁者好離人故君子居人
間則治小人居人間則亂君子欲和人譬猶水
火不相能然也而鼎在其間水火不亂乃和百
味是以君子不可不慎擇人在其間

越石父曰不肖人自賢也愚者自多也佞人者皆莫能相其心口以出之又謂人勿言也譬之猶渴而穿井臨難而後鑄兵雖疾從而不及也夫臨財忘貧臨生忘死可以遠罪矣夫君子愛口孔雀愛羽虎豹愛爪此皆所以治身法也上交者不失其祿下交者不離於患是以君子擇人與交農人擇田而田君子樹人農夫樹田田者擇種而種之豐年必得粟士擇人而樹之豐時必得祿矣天下失道而後仁義生焉國家不

必示之於外是以貴之望之温潤者君子比德焉近之栗理者君子比智焉聲近徐而聞遠者君子比義焉折而不撓闕而不荏者君子比勇焉廉而不劌者君子比仁焉有瑕必見之於外者君子比情焉

道吾聞之夫子多所知無所知其身孰善者乎對曰無知者死人屬也雖不死累人者必衆甚矣然多所知者好其用心也多所知者出於利人即善矣出於害人即不善也道吾曰善哉

以樂水也詩云思樂泮水薄捋其茆魯侯戾止在泮飲酒樂水之謂也夫仁者何以樂山也曰夫山巃嵸纍嶵萬民之所觀仰草木生焉衆物立焉飛禽萃焉走獸休焉寶藏殖焉奇夫息焉育羣物而不倦焉四方並取而不限焉出雲風通氣于天地之間國家以成是仁者所以樂山也詩曰太山巖巖魯侯是瞻樂山之謂矣玉有六美君子貴之望之溫潤近之栗理聲近徐而聞遠折而不撓闕而不荏廉而不劌有瑕

以出似善化至量必平似正盈不求槩似度其
萬折必東似意是以君子見大水觀焉爾也
夫智者何以樂水也曰泉源潰潰不釋晝夜其
似力者循理而行不遺小閒其似持平者動而
之下其似有禮者赴千仞之壑而不疑其似勇
者障防而清其似知命者不清以入鮮潔而出
其似善化者衆人取平品類以正萬物得之則
生失之則死其似有德者淑淑淵淵深不可測
其似聖者通潤天地之閒國家以成是知之所

使又曰與善人居如入蘭芷之室久而不聞其香則與之化矣與惡人居如入鮑魚之肆久而不聞其臭亦與之化矣故曰丹之所藏者赤烏之所藏者黑君子慎所藏

子貢問曰君子見大水必觀焉何也孔子曰夫水者君子比德焉遍予而無私似德所及者生似仁其流卑下句倨皆循其理似義淺者流行深者不測似智其赴百仞之谷不疑似勇綿弱而微達似察受惡不讓似包蒙不清以入鮮絜

而能貴人者欲賤而不可得也達而能達人者
欲窮而不可得也
仲尼曰非其地而樹之不生也非其人而語之
弗聽也得其人如聚沙而雨之非其人如聚聾
而鼓之孔子曰船非水不可行水入船中則其
沒也故曰君子不可不嚴也小人不可不閉也
孔子曰依賢固不困依富固不窮馬趼斬而復
行者何以輔足衆也
孔子曰不知其子視其所友不知其君視其所

孔子曰鞭朴之子不從父之教刑戮之民不從君之政言疾之難行故君子不急斷不意使以爲亂源孔子曰終日言不遺己之憂終日行不遺己之患唯智者有之故恐懼所以除患也恭敬所以越難也終身爲之一言敗之可不慎乎

孔子曰以富貴爲人下者何人不與以富貴敬愛人者何人不親衆言不逆可謂知言矣衆嚮之可謂知時矣

孔子曰夫富而能富人者欲貧而不可得也貴

性者欲也故不可不惟也

孔子曰中人之情有餘則侈不足則儉無禁則淫無度則失縱欲則敗飮食有量衣服有節宮室有度畜聚有數車器有限以防亂之源也故夫度量不可不明也善欲不可不聽也

孔子曰巧而好度必工勇而好同必勝知而好謀必成愚者反是夫處重擅寵專事妬賢愚者之情也志驕傲而輕舊怨是以尊位則必危任重則必崩擅寵則必辱

以言乎子路曰請以言仲尼曰不強不遠不勞無功不忠無親不信無復不恭無禮慎此五者可以長久矣

曾子從孔子於齊齊景公以下卿禮聘曾子曾子固辭將行晏子送之曰吾聞君子贈人以財不若以言今夫蘭本三年湛之以鹿醢既成則易以匹馬非蘭本美也願子詳其所湛既得所湛亦求所湛吾聞君子居必擇處遊必擇士居必擇處所以求士也遊必擇士所以脩道也吾聞反常移

孔子曰丘死之後商也日益賜也日損商也好與賢已者處賜也好說不如已者

孔子將行無蓋弟子曰子夏有蓋可以行孔子曰商之爲人也甚短於財吾聞與人交者推其長者違其短者故能久長矣

子路行辭於仲尼曰敢問新交取親若何言寡可行若何長爲善士而無犯若何仲尼曰新交取親其忠乎言寡可行其信乎長爲善士而無犯其禮乎子路將行辭於仲尼曰贈汝以車乎

人之一善而忘其百非是夫子之易事也夫子見人有善若己有之是夫子之不爭也聞善必躬親行之然後道之是夫子之能勞也夫子之能勞也夫子之不爭也夫子之易事也吾學夫子之三言而未能行

孔子曰回若有君子之道四強於行己弱於受諫怵於待祿慎於持身

仲尼曰史鰌有君子之道三不仕而敬上不祀而敬鬼直能曲於人

未之得則憂不得既已得之又恐失之是以有
終身之憂無一日之樂
孔子見榮啓期衣鹿皮裘鼓瑟而歌孔子問曰
先生何樂也對曰吾樂甚多天生萬物唯人爲
貴吾既已得爲人是一樂也人以男爲貴吾既
已得爲男是爲二樂也人生不免襁褓吾年已
九十五是三樂也夫貧者士之常也死者民之
終也處常待終當何憂乎
曾子曰吾聞夫子之三言未之能行也夫子見

孔子曰由誌之吾語若賁於言者華也奮於行者伐也夫色智而有能者小人也故君子知之爲知之不知爲不知言之要也能之爲能不能爲不能行之至也言要則知行要則仁既知且仁夫有何加矣哉由詩云湯降不遲聖敬日躋此之謂也

子路問孔子曰君子亦有憂乎孔子曰無也君子之脩其行未得則樂其意既已得又樂其知是以有終身之樂無一日之憂小人則不然其

以忠信吾之出也又　以忠信忠信錯吾軀於
波流而吾不敢用私吾所以能入而復出也孔
子謂弟子曰水而尚可以忠信義久而身親之
況於人乎
子路盛服而見孔子孔子曰由是襜褡有何也
昔者江水出於岷山其始也大足以濫觴及至
江之津也不方舟不避風不可渡也非唯下流
衆川之多乎今若衣服甚盛顏色充盈天下誰
肯加若者哉子路趨而出改服而入其自如也

下比所以狹行也於惡自退之原也詩云高山仰止景行行止吾豈敢自以爲君子哉志向之而已孔子曰見賢思齊焉見不賢而內自省

孔子觀於呂梁懸水四十仞環流九十里魚鱉不能過黿鼉不敢居有丈夫方將涉之孔子使人並崖而止之曰此懸水四十仞圜流九十里魚鱉不敢過黿鼉不敢居意者難可濟也丈夫不以錯意遂渡而出孔子問子巧乎且有道術乎所以能入而出者何也丈夫對曰始吾入先

利屋俾之用者也

東郭子惠問於子貢曰夫子之門何其雜也子貢曰夫隱括之旁多枉木良醫之門多疾人砥礪之旁多頑鈍夫子脩道以俟[illegible]者不止是以雜也詩云菀彼柳斯鳴蜩嘒嘒有漼者淵莞葦淠淠言大者之旁無所不容

昔者南瑕子過程太子太子爲烹鯢魚南瑕子曰吾聞君子不食鯢魚程太子曰乃君子否子何事焉南瑕子曰吾聞君子上比所以廣德也

響音和之故君子功先成而名隨之
子夏問仲尼曰顏淵之爲人也何若曰回之信賢於丘也曰子貢之爲人也何若曰賜之敏賢於丘也曰子路之爲人也何若曰由之勇賢於丘也曰子張之爲人何若曰師之莊賢於丘也於是子夏避席而問曰然則四者何爲事先生曰坐吾語汝回能信而不能反賜能敏而不能屈由能勇而不能怯師能莊而不能同兼此四子者丘不爲也夫所謂至聖之士必見進退之

脩也是丘之過也若似陽虎則非丘之罪也命也夫由歌予和汝子路歌孔子和之三終而甲罷

孔子曰不觀於高岸何以知顛墜之患不臨於深淵何以知沒溺之患不觀於海上何以知風波之患失之者其不在此乎士慎三者無累於人

曾子曰響不辭聲鑑不辭形君子正一而萬物皆成夫行非爲影也而影隨之呼非爲響也而

此知禍福之始而心不惑也聖人之深念獨知獨見舜亦賢聖矣南面治天下唯其遇堯也使舜居桀紂之世能自免刑戮固可也又何官得治乎夫桀殺關龍逢而紂殺王子比干當是時豈關龍逢無知而比干無惠哉此桀紂無道之世然也故君子疾學脩身端行以須其時也

孔子之宋匡簡子將殺陽虎孔子似之甲士以圍孔子之舍子路怒奮戟將下鬬孔子止之曰何仁義之不免俗也夫詩書之不習禮樂之不

則其遇文王也管夷吾束縛自居檻車中自
車中起爲仲父則其遇齊桓公也百里奚自賣
取五羊皮伯氏牧羊以爲卿大夫則其遇秦穆
公也沈尹名聞天下以爲令尹而讓孫叔敖則
其遇楚莊王也伍子胥前多功後戮死非其智
益衰也前遇闔廬後遇夫差也夫驥厄罷鹽車
非無驥狀也夫世莫能知也使驥行王良造父
驥無千里之足乎芝蘭生深林非爲無人而不
香故學者非爲通也爲窮而不困也憂而不衰也

焦袍木而立枯介子推登山焚死故夫君子愽
學深謀不遇時者衆矣豈獨丘哉賢不肖者才
也爲不爲者人也遇不遇者時也死生者命也
有其才不遇其時雖才不用苟遇其時何難之
有故舜耕歷山而逃於河畔立爲天子則其遇
堯也傅說負壤土釋板築而立佐天子則其遇
武丁也伊尹有莘氏媵臣也負鼎俎調五味而
佐天子則其遇成湯也呂望行年五十賣食於
棘津行年七十屠牛朝歌行年九十爲天子師

七日不食藜羹不糝弟子皆有饑色讀詩書治禮不休子路進諫曰凡人爲善者天報以福爲不善者天報以禍今先生積德行爲善久矣意者尚有遺行乎奚居隱也孔子曰由來汝不知坐吾語汝子以夫知者爲無不知乎則王子比干何爲剖心而死以諫者爲必聽耶伍子胥何爲抉目於吳東門子以廉者爲必用乎伯夷叔齊何爲餓死於首陽山之下子以忠者爲必用乎則鮑莊何爲而肉枯荆公子高終身不顯鮑

不云乎三折肱而成良醫夫陳蔡之間丘之幸也二三子從丘者皆幸人也吾聞人君不困不成王列士不困不成行昔者湯困於呂文王困於羑里秦穆公困於殽齊桓困於長勺句踐困於會稽晉文困於驪氏夫困之爲道從寒之及煖煖之及寒也唯賢者獨知而難言之也易曰困亨貞大人吉無咎有言不信聖人所與人難言信也

孔子困於陳蔡之間居環堵之内席三經之席

不應曲終而曰由君子好樂爲無驕也小人好樂爲無懾也其誰知之子不我知而從我者乎子路不悅援干而舞三終而出及至七日孔子脩樂不休子路慍見曰夫子之脩樂時乎孔子不應樂終而曰由昔者齊桓霸心生于莒句踐霸心生於會稽晉文霸心生于驪氏故居不幽則思不遠身不約則智不廣庸知而不遇之於是興明日免於厄子貢執轡曰二三子從夫子而遇此難也其不可忘已孔子曰惡是何也語

魯哀公問於孔子曰有智者壽乎孔子曰然人有三死而非命也者人自取之夫寢處不時飲食不節佚勞過度者疾共殺之居下位而上忤其君嗜慾無厭而求不止者刑共殺之少以犯衆弱以侮強忿怒不量力者兵共殺之此三死者非命也人自取之詩云人而無儀不死何爲此之謂也

孔子遭難陳蔡之境絶糧弟子皆有饑色孔子歌兩柱之間子路入見曰夫子之歌禮乎孔子

執政而封以書社七百子西謂楚王曰王之臣用兵有如子路者乎使諸侯有如宰予者乎長官五官有如子貢者乎昔文王處酆武王處鎬酆鎬之間百乘之地伐上殺主立爲天子世皆曰聖王今以孔子之賢而有書社七百里之地而三子佐之非楚之利也楚王遂止夫善惡之難分也聖人獨見疑而況於賢者乎是以賢聖罕合諂諛常興也故有千歲之亂而無百歲之治孔子之見疑豈不痛哉

人成聚聖人不犯騰蛇遊於霧露乘於風雨而
行非千里不止然則暮託宿於鰌鱣之穴所以
然者何也用心不一也夫蚯蚓内無筋骨之強
外無爪牙之利然下飲黃泉上墾晞土所以然
何也用心一也聰者耳聞明者目見聰明形則
仁愛著廉恥分矣故非其道而行之雖勞不至
非其有而求之雖强不得智者不爲非其事廉
者不求非其有是以遠害而名章也詩云不忮
不求何用不臧此之謂也楚昭王召孔子將使

以君子先相其土地而裁其器觀其俗而和其風揔衆議而定其教愚人有學遠射者參矢而發已射五步之内又復參矢而發世以易矣不更其儀譬如愚人之學遠射目察秋毫之末者視不能見太山耳聽清濁之調者不聞雷霆之聲何也唯其意有所移也百人操觿不可爲固結千人謗獄不可爲直辭萬人比非不可爲顯士

麋鹿成群虎豹避之飛鳥成列鷹鷲不擊衆

狗耳

甘戊使於齊渡大河船人曰河水閒耳君不能自渡能爲王者之說乎甘戊曰不然汝不知也物各有短長謹愿敦厚可事主不施用兵騏驥騄駬足及千里置之宮室使之捕鼠曾不如小狸干將爲利名聞天下匠以治木不如斤斧今持楫而上下隨流吾不如子說千乘之君萬乘之主子亦不如戊矣

今夫世異則事變事變則時移時移則俗易是

能相傷爲也子獨不聞和氏之璧乎價重千金
然以之間紡曾不如瓦塼隨侯之珠國之寶也
然用之彈曾不如泥丸騏驥騄駬倚衡負軛而
趨一日千里此至疾也然使捕鼠曾不如百錢
之狸干將鏌鎁拂鐘不錚試物不知揚刃離金
斬羽契鐵斧此至利也然以之補履曾不如兩
錢之錐今子持楫乘偏舟處廣水之中當陽侯
之波而臨淵流適子所能耳若試與子東說諸
侯王見一國之主子之蒙蒙無異夫未視之

梁相死惠子欲之梁渡河而遽墮水中船人救之船人曰子欲何之而遽也曰梁無相吾欲往相之船人曰子居船檝之間而困無我則子死矣子何能相梁乎惠子曰子居艘檝之間則吾不如子至於安國家全社稷子之比我蒙蒙如未視之狗耳西閭過東渡河中流而溺船人接而出之問曰今者子欲安之西閭過曰欲東說諸侯王船人掩口而笑曰子渡河中流而溺不能自救安能說諸侯乎西閭過曰無以子之所

虞不用百里奚而亡秦穆公用之而霸故不用賢則亡削何可得也曰昔者王豹處於淇而河西善謳綿駒處於高唐而齊右善歌華舟杞梁之妻善哭其夫而變國俗有諸內必形於外爲其事無其功髡未睹也是故無賢者也有則髡必識之矣曰孔子爲魯司寇不用從祭膰肉不至不脫冕而行其不善者以爲爲肉也其善者以爲爲禮也乃孔子欲以微罪行不欲爲苟去故君子之所爲衆人固不得識也

知之其亡也不知務務小者亦忘大也

淳于髡謂孟子曰先名實者為人者也後名實者自為者也夫子在三卿之中名實未加上下而去之仁者固如此乎孟子曰居下位不以賢事不肖者伯夷也五就湯五就桀者伊尹也不惡汙君不辭小官者柳下惠也三子者不同道其趣也一者何也曰仁也君子亦仁而已何必同曰魯穆公之時公儀子為政子思子庚為臣魯之削也滋甚若是乎賢者之無益於國也曰

舜耕之時不能利其鄰人及爲天子天下戴之

故君子窮則善其身達則利於天下

孔子曰自季孫之賜我千鍾而友益親自南宮項叔之乘我車也而道加行故道有時而後重有勢而後行微夫子之賜丘之道幾於廢也

太公田不足以償種漁不足以償綱治天下有餘智文公種米曾子架羊孫叔敖相楚三年不知軛在衡後務大者固恐小智伯厨人亡炙籩而知之韓魏反而不知邯鄲子陽園人亡桃而

過也

弥子瑕愛於衛君衛國之法竊駕君車罪刖弥子瑕之母疾人聞夜往告之弥子瑕擅駕君車而出君聞之賢之曰孝哉爲母之故犯刖罪哉君遊果園弥子瑕食桃而甘不盡而奉君君曰愛我而忘其口味及弥子瑕色衰而愛弛得罪於君君曰是故嘗矯吾車又嘗食我以餘桃故子瑕之行未必變初也前見賢後獲罪者愛憎之生變也

決耳崇侯虎順紂之心欲以合於意武王伐紂四子身死牧之野頭足異所比干盡忠剖心而死今欲明事情恐有抉目剖心之禍欲合人心恐有頭足異所之患由是觀之君子道狹耳誠不逢其明主狹道之中又將險危閉塞無可從出者

祁射子見秦惠王惠王說之於是唐姑讒之復見惠王懷怒以待之非其說異也所聽者易也故以徵爲羽非絃之罪也以甘爲苦非味之

不能去制敵積功不失秋毫避患去害不見丘山積其所欲以至其所惡豈不爲勢利惑哉詩云人知其一莫知其他此之謂也

子石登吴山而四望喟然而歎息曰嗚呼悲哉世有明於事情不合於人心者有合於人心不明於事情者弟子問曰何謂也子石曰昔者吴王夫差不聽伍子胥盡忠極諫抉目而辜太宰嚭公孫雒偷合苟容以順夫差之志而伐吴二子沉身江湖頭懸越旗昔者費仲惡來革長鼻

主之縣耳未始有益如秋毫之端也是以賢人
閉其智塞其能待得其人然後合故言無不聽
行無見疑君臣兩與終身無患今非得其時又
無其人直私意不能已閔世之亂憂主之危以
無貲之身涉蔽塞之路經乎讒人之前造無量
之主犯不測之罪傷其天性豈不惑哉故文信
侯李斯天下所謂賢也爲國計揣微射隱所謂
無過策也戰勝攻取所謂無強敵也積功甚大
勢利甚高賢人不用讒人用事自知不用其仁

勾踐賜死於前李斯積功於秦而卒被五刑盡忠憂君危身安國其功一也或以封侯而不絕或以賜死而被刑所慕所由異也故箕子棄國而佯狂范蠡去越而易名智過去君弟而更姓皆見遠識微而仁能去富勢以避萌生之禍者也夫暴亂之君孰能離縶以役其身而與于患乎哉故賢者非畏死避害而已也為殺身無益而明主之暴也比干死紂而不能正其行子胥死吳而不能存其國二子者強諫而死適足明

說苑卷第十七

鴻嘉四年三月己亥護左都水使者光祿大夫臣劉向上

雜言

賢人君子者通乎盛衰之時明乎成敗之端察乎治亂之紀審乎人情知所去就故雖窮不處亡國之勢雖貧不受汙君之祿是以太公年七十而不自達孫叔敖三去相而不自悔何則不強合非其人也太公一合於周而侯七百歲孫叔敖一合於楚而封十世大夫種存亡越而霸

第五册目録

（漢）劉向 撰

宋本説苑

第四册

國家圖書館出版社

第四册目録

説苑卷第十二

鴻嘉四年三月己亥護左都水使者光禄大夫臣劉向上

奉使

春秋之辭有相反者四既曰大夫無遂事不得擅生事矣又曰出境可以安社稷利國家者則專之可也既曰大夫以君命出進退在大夫矣又曰以君命出聞喪徐行而不反者何也曰此義者各上其科不轉移也不得擅生事者謂平生常經也專之可者謂救危除患也進退在大

夫者謂將師用兵也徐行而不反者謂出使道

聞君親之喪也公子子結擅生事春秋不非以

爲救莊公危也公子遂擅生事春秋譏之以爲

僖公無危事也故君有危而不專救是不忠也

君無危而擅生事是不臣也傳曰詩無通故易

無通吉春秋無通義此之謂也

趙王遣使者之楚方鼓瑟而遣之誡之曰必如

吾言使者曰王之鼓瑟未嘗悲若此也王曰宮

商固方調矣使者曰調則何不書其柱耶王曰

天有燥濕絃有緩急宮商移徙不可知是以不
書使者曰明君之使人也任之以事不制以辭
遭吉則賀之凶則吊之今楚趙相去千有餘里
吉凶憂患不可豫知猶柱之不可書也詩云莘
莘征夫每懷靡及

楚莊王舉兵伐宋宋告急晉景公欲發兵救宋
伯宗諫曰天方開楚未可伐也乃求壯士得霍
人解楊字子虎往命宋約降道過鄭鄭新與楚
親乃執解楊而獻之楚楚王厚賜與約使及其

言令宋趣降三要解揚乃許於是楚乘揚以樓
車令呼宋使降遂倍楚約而致其晉君命曰晉
方悉國兵以救宋宋雖急愼毋降楚晉兵今至
矣楚莊王大怒將亨之解揚曰君能制命爲義
臣能承命爲信受吾君命以出雖死無二王曰
汝之許我已而倍之其信安在解揚曰死以許
王欲以成吾君命臣不恨也顧謂楚君曰爲人
臣無忘盡忠而得死者楚王諸弟皆諫王赦之
於是莊王卒赦解揚而歸之晉爵之爲上卿故

後世言霍虎
秦王以五百里地易鄢陵鄢陵君辭而不受使
唐且謝秦王秦王曰秦破韓滅魏鄢陵君獨以
五十里地存者吾豈畏其威哉吾多其義耳今
寡人以十倍之地易之鄢陵君辭而不受是輕
寡人也唐且避席對曰非如此也夫不以利害
爲趣者鄢陵也夫鄢陵君受地於先君而守之
雖復千里不得當豈獨五百里哉秦王忿然作
色怒曰公亦曾見天子之怒乎唐且曰王臣未

曾見也秦王曰天子一怒彼尸百萬流血千里唐且曰大王亦嘗見夫布衣韋帶之士怒乎秦王曰布衣韋帶之士怒也解冠徒跣以頭頓地耳何難知者唐且曰此乃疋夫愚人之怒耳非布衣韋帶之士怒也夫專諸刺王僚彗星襲月奔星晝出要離刺王子慶忌蒼隼擊於臺上聶政刺韓王之季父白虹貫日此三人皆夫布衣韋帶之士怒矣與臣將四士含怒未發搢厲於天士無怒即已一怒伏尸二人流血五步即案

匕首起視秦王曰今將是矣秦王變色長跪曰先生就坐寡人喻矣秦破韓滅魏鴈陵獨以五十里地存者徒用先生之故耳

齊攻魯子貢見哀公請求救於吳公曰奚先君寶之用子貢曰使吳貴吾寶而與我師是不可時也於是以揚幹麻筋之弓六往子貢謂吳王曰齊爲無道欲使周公之後不血食且魯賦五百邾賦三百不識以此益齊吳之利與非與吳王懼乃興師救魯諸侯曰齊伐周公之後而吳

救之遂朝於吴

魏文侯封太子擊於中山三年使不往來舍人趙倉唐進稱曰爲人子三年不聞父問不可謂孝爲人父三年不問子不可謂慈君何不遣人使大國乎太子曰願之久矣未得可使者倉唐曰臣願奉使侯何嗜好太子曰侯嗜晨鳧好北犬於是乃遣倉唐緤北犬奉晨鳧獻於文侯倉唐至上謁曰孽子擊之使者不敢當大夫之朝請以燕閒奉晨鳧敬獻庖厨緤北犬敬上涓人

文侯悅曰擊愛我知吾所嗜知吾所好召倉唐而見之曰擊無恙乎倉唐曰唯唯如是者三乃曰君出太子而封之國君名之非禮也文侯怵然爲之變容問曰子之君無恙乎倉唐曰臣來時拜送書於庭文侯顧指左右曰子之君長孰與是倉唐曰禮擬人必於其倫諸侯無偶無所擬之曰長大孰與寡人倉唐曰君賜之外府之裘則能勝之賜之斥帶則不更其造文侯曰子之君何業倉唐曰業詩文侯曰於詩何好倉唐

曰好晨風黍離文侯自讀晨風曰鴥彼晨風鬱彼北林未見君子憂心欽欽如何如何忘我實多文侯曰子之君以我忘之乎倉唐曰不敢時思耳文侯復讀黍離曰彼黍離離彼稷之苗行邁靡靡中心搖搖知我者謂我心憂不知我者謂我何求悠悠蒼天此何人哉文侯曰子之君怨乎倉唐曰不敢時思耳文侯於是遣倉唐賜太子衣一襲勑倉唐以雞鳴時至太子起拜受賜發篋視衣盡顛倒太子曰趣早駕君侯召擊

也倉唐曰臣來 時不受命太子曰君侯賜擊衣
不以爲寒也欲 召擊無誰與謀故勑子以雞鳴
時至詩曰東方未明顛倒衣裳顛之倒之自公
召之遂西至謁文侯大喜乃置酒而稱曰夫遠
賢而近所愛非 社稷之長策也乃出少子摯封
中山而復太子擊故曰欲知其子視其友欲知
其君視其所使趙倉唐一使而文侯爲慈父而
擊爲孝子太子乃稱詩曰鳳皇于飛噦噦其羽
亦集爰止藹藹 王多吉士維 君子使媚于天子

舍人之謂也

楚莊王欲伐晉使豚尹觀焉反曰不可伐也其憂在上其樂在下且賢臣在焉曰沈駒明年又使豚尹觀反曰可矣初之賢人死矣諂諛多在君之廬者其君好樂而無禮其下危處以怨上上下離心興師伐之其民必先反莊王從之果如其言矣

梁王贅其群臣而議其過任座進諫曰主君國廣以大民堅而衆國中無賢人辯士奈何王曰

寡人國小以狹民弱臣少寡人獨治之安所用
賢人辯士乎任座曰不然昔者齊無故起兵攻
魯魯君患之召其相曰爲之柰何相對曰夫柳
下惠少好學長而嘉智主君試召使於齊魯君
曰吾千乘主也身日使於齊齊不聽夫柳下惠
特布衣韋帶之士也使之又何益乎相對曰臣
聞之乞大不得不望其炮矣今使柳下惠於齊
縱不解於齊兵終不愈益攻於魯矣魯君乃曰
然乎相即使人召柳下惠來入門祛衣不趨魯

君避席而立曰寡人所謂飢而求黍稷渴而穿
井者未嘗能以歡喜見子今國事急百姓恐懼
願藉子大夫使齊柳下惠曰諾乃東見齊侯齊
侯曰魯君將懼乎柳下惠曰臣君不懼齊侯忿
然怒曰吾望而魯城芒若類失士國百姓發屋
伐木以救城郭吾視若魯君類吾國子曰不懼
何也柳下惠曰臣之君所以不懼者以其先人
出周封於魯君之先君亦出周封於齊相與出
周南門刲羊而約曰自後子孫敢有相攻者令

其罪若此刲羊矣臣之君固以刲羊不懼矣不然百姓非不急也齊侯乃解兵三百里夫柳下惠特布衣韋帶之士至解齊釋魯之難奈何無賢士聖人乎

陸賈從高祖定天下名爲有口辯士居左右常使諸侯及高祖時中國初定尉佗平南越因王之高祖使陸賈賜尉佗印爲南越王陸生至尉佗椎結箕踞見陸生陸生因說佗曰足下中國人親戚昆弟墳墓在真定今足下弃反天性損

冠帶欲以區區之越與天子抗衡爲敵國禍且
及身矣且夫秦失其政諸侯豪桀並起惟漢王
先入關據咸陽項籍倍約自立爲西楚霸王諸
侯皆屬可謂至彊然漢王起巴蜀鞭笞天下劫
諸侯遂誅項羽滅之五年之間海内平定此非
人力天之所建也天子聞君王王南越不助天
下誅暴逆將相欲移兵而誅王天子憐百姓新
勞苦且休之遣臣授君王印剖符通使君王宜
郊迎北面稱臣乃欲以新造未集之越屈彊於

此漢誠聞之掘燒君王先人冢墓夷種宗族使一偏將將十萬衆臨越越則殺王已降漢如反覆手耳於是尉佗乃蹶然起坐謝陸生曰居蠻夷中久殊失禮義因問陸生曰我孰與蕭何曹參韓信賢陸生曰王似賢復問我孰與皇帝賢陸生曰皇帝起豐沛討暴秦誅强楚爲天下興利除害繼五帝三皇之業統理中國中國之人以億計地方萬里居天下之膏腴人衆車輿萬物殷富政由一家自天地剖判未甞有也今王

衆不過數十萬皆蠻夷踦嶇山海之間譬若漢
一郡何可乃比於漢王尉佗大笑曰吾不起中
國故王此使我居中國何遽不若漢乃大悦陸
生與留飲數月曰越中無足與語至生來令我
日聞所不聞賜陸生槖中裝直千金佗送亦千
金陸生拜尉佗爲南越王令稱臣奉漢約歸報
高祖大悦拜爲太中大夫
晉楚之君相與爲好會於宛丘之上宋使人往
之晉楚大夫曰趣以見天子禮見於吾君我爲

見子焉使者曰冠雖弊宜加其上屨雖新宜居其下周室雖微諸侯未之能易也師升宋城臣猶不更臣之服也揖而去之諸大夫懼然遂以諸侯之禮見之

越使諸發執一枝梅遺梁王梁王之臣曰韓子顧謂左右曰惡有以一枝梅以遺列國之君者乎請爲二三子慙之出謂諸發曰大王有命客冠則以禮見不冠則否諸發曰彼越亦天子之封也不得冀兖之州乃處海垂之際屏外蕃以

爲居而蛟龍又與我爭焉是以剪髮文身爛然成章以像龍子者將避水神也今大國其命冠則見以禮不冠則否假令大國之使時過弊邑弊邑之君亦有命矣曰客必剪髮文身然後見之於大國何如意而安之願假冠以見意如不安願無變國俗梁王聞之披衣出以意諸發令逐韓子詩云維君子使媚于天子若此之謂也

晏子使吴吴王謂行人曰吾聞晏嬰蓋北方之辯於辭習於禮者也命儐者客見則稱天子明

曰晏子有事行人曰天子請見　子慽然者三
曰臣受命弊邑之君將使於吳　之所不佞而
迷惑入于天子之朝敢問吳王　存然後吳
王曰夫差請見見以諸侯禮
晏子使吳吳王曰寡人得寄僻　夷之鄉希
見教君子之行請私而毋爲罪　子慽然避位
矣王曰吾聞齊君蓋賊以慢野以　吾子客焉
何甚也晏子逡巡而對曰臣聞之　事不通於麗
事不能者必勞大事不得小事不爲者必貧大

者不能致人小者不能至人之門者必困此臣之所以仕也如臣豈能以道食人者哉晏子出

王笑曰今日吾譏晏子也猶倮而訾高撅者

景公使晏子使於楚楚王進橘置削晏子不剖而并食之楚王曰橘當去剖晏子對曰臣聞之賜人主前者瓜桃不削橘柚不剖今萬乘無教臣不敢剖然臣非不知也

晏子將使荆荆王聞之謂左右曰晏子賢人也今方來欲辱之何以也左右對曰爲其來也臣

請縛一人過王而行於是荆王與晏子立語有
縛一人過王而行王曰何爲者也對曰齊人也
王曰何坐曰坐盜王曰齊人固盜乎晏子反顧
之曰江南有橘齊王使人取之而樹之於江北
生不爲橘乃爲枳所以然者何其土地使之然
也今齊人居齊不盜來之荆而盜得無土地使
之然乎荆王曰吾欲傷子而反自中也
晏子使楚晏子短楚人爲小門於大門之側而
延晏子晏子不入曰使至狗國者從狗門入今

臣使楚不當從此門儐者更從大門入見楚王王曰齊無人耶晏子對曰齊之臨淄三百閭張袂成帷揮汗成雨比肩繼踵而在何爲無人王曰然則何爲使子晏子對曰齊命使各有所主其賢者使賢主不肖者使不肖主嬰最不肖最宜使楚耳

秦楚轂兵秦王使人使楚楚王使人戲之曰子來亦卜之乎對曰然卜之謂何對曰吉楚人曰噫甚矣子之國無良龜也王方殺子以釁鍾其

吉如何使者曰秦楚轂兵吾王使我光窺我
死而不還則吾王知警戒整齊兵以備楚是
吾所謂吉也且使死者而無知也又何釁於鍾死
者而有知也吾豈錯秦相楚哉我將使楚之
鍾鼓鍾鼓無聲則將無以整齊其士卒而理君軍夫
殺人之使絕人之謀非古之通議也子大夫試孰
計之使者以報楚王赦之此之謂造命楚使
使聘於齊齊王饗之椿官使者曰大哉梧
乎至曰江潭之魚吞舟大國之樹必巨使何怪

焉使者曰昔燕攻齊遵雒路渡濟橋焚雍門
擊齊左而虛其右王歜絶頸而死於杜山公孫
差格死於龍門飲馬乎淄澠定獲乎琅邪王
與木后奔于莒逃於城陽之山當此之時則梧之
大何如乎王曰陳先生對之陳子曰臣不如刁勃
王曰刁先生應之刁勃曰使者問梧之年耶昔
者荆平王爲無道加諸申氏殺子胥父與其兄
子胥被髮乞食於吴闔廬以爲將相三年將
吴兵復讎乎楚戰勝乎柏舉級頭百萬囊瓦奔鄭

王保於隨引師入郢軍雲行乎郢之都子胥親射宮門掘平王家笞其墳數以其罪曰吾先人無罪而子殺之士卒人加百焉然後止當若此時梧可以爲其朴矣

蔡使師強王堅使於楚王聞之曰人名多章章者獨爲師彊王堅乎趣見之無以次視其人狀疑其名而醜其聲又惡其形楚王大怒曰今蔡無人乎國可伐也有人不遣乎國可伐也端以此人誠寡人乎國可伐也故發二使見 謀

伐者蔡也

趙簡子將襲衛使史黯往視之期以一月六日而後反簡子曰何其久也黯曰謀利而得害由不察也今蘧伯玉爲相史鰌佐焉孔子爲客子貢使令於君前甚聽易曰渙其群元吉渙者賢也群者衆也元者吉之始也渙其群元吉者其佐多賢矣簡子按兵而不動耳

魏文侯使舍人毋擇獻鵠於齊侯毋擇行道之徒獻空籠見齊侯曰寡君使臣毋擇獻鵠

飢渴臣出而飲食之而鵠飛冲天遂不復反念思非無錢以買鵠也惡有爲其君使輕易其幣者乎念思非不能拔劍刎頭腐肉暴骨於中野也爲吾君貴鵠而賤士也念思非不敢走陳蔡之間也惡絶兩君之使故不敢愛身逃死來獻空籠唯主君斧質之誅齊侯大悅曰寡人今者得兹言三賢於鵠遠矣寡人有都郊地百里願獻子大夫以爲湯沐邑毋擇對曰惡有爲其君使而輕易其幣而利諸侯之地乎遂出不反

說苑卷第十二

說苑卷第十三

鴻嘉四年三月己亥護左都水使者光禄大夫臣劉向上

權謀

聖王之舉事必先諦之於謀慮而後考之於著龜白屋之士皆關其謀蒭蕘之役咸盡其心故萬舉而無遺籌失策傳曰衆人之智可以測天兼聽獨斷惟在一人此大謀之術也謀有二端上謀知命其次知事知命者預見存亡禍福之原早知盛衰廢興之始防事之未萌避難於無

形若此人者居亂世則不害於其身在乎太平之世則必得天下之權彼知事者亦尚矣見事而知得失成敗之分而究其所終極故無敗業廢功孔子曰可與適道未可與權也夫非知命知事者孰能行權謀之術夫權謀有正有邪君子之權謀正小人之權謀邪夫正者其權謀公故其爲百姓盡心也誠彼邪者好私尚利故其爲百姓也詐夫詐則亂誠則平是故堯之九臣誠而能興於朝其四臣詐而誅於野誠者隆至

後世詐者當身而滅知命知事而能於權謀者必察誠詐之原而以處身焉則是亦權謀之術也夫知者舉事也滿則慮謙平則慮險安則慮危曲則慮直由重其豫惟恐不及是以百舉而不陷也

楊子曰事之可以之貧可以之富者其傷行者也事之可以之生可以之死者其傷勇者也

子曰楊子智而不知命故其知多疑語曰知命者不惑晏嬰是也

趙簡子曰晉有澤鳴犢犨魯有孔丘吾殺此三人則天下可圖也於是乃召澤鳴犢犨任之以政而殺之使人聘孔子於魯孔子至河臨水而觀曰美哉水洋洋乎丘之不濟於此命也夫子路趨進曰敢問奚謂也孔子曰夫澤鳴犢犨晉國之賢大夫也趙簡子之未得志也與之同聞見及其得志也殺之而後從政故丘聞之刳胎焚夭則麒麟不至乾澤而漁蛟龍不遊覆巢毀卵則鳳皇不翔丘聞之君子重傷其類者也

孔子與齊景公坐左右白曰周使來言周廟燔齊景公出問曰何廟也孔子曰是釐王廟也景公曰何以知之孔子曰詩云皇皇上帝其命不忒天之與人必報有德禍亦如之夫釐王變文武之制而作玄黄宫室輿馬奢侈不可振也故天殃其廟是以知之景公曰天何以不殃其身曰天以文王之故也若殃其身文王之祀無乃絶乎故殃其廟以章其過也左右入報曰周釐王廟也景公大驚起再拜曰善哉聖人之智豈

不大乎

齊桓公與管仲謀伐莒謀未發而聞於國桓公怪之以問管仲管仲曰國必有聖人也桓公歎曰歖日之役者有執柘杵而上視者意其是邪乃令復役無得相代少焉東郭垂至管仲曰此必是也乃令儐者延而進之分級而立管仲曰子言伐莒者也對曰然管仲曰我不言伐莒子何故言伐莒對曰臣聞君子善謀小人善意臣竊意之也管仲曰我不言伐莒子何以意之對

曰臣聞君子有三色優然喜樂者鍾鼓之色愀然清静者縗絰之色敎然充滿者此兵革之色也日者臣望君之在臺上也敎然充滿此兵革之色君吁而不吟所言者莒也君舉臂而指所當者莒也臣竊慮小諸侯之未服者其惟莒乎臣故言之君子曰凡耳之聞以聲也今不聞其聲而以其容與臂是東郭垂不以耳聽而聞也桓公管仲雖善謀不能隱聖人之聽於無聲視於無形東郭垂有之矣故桓公乃尊禄而禮之

晉太史屠餘見晉國之亂見晉平公之驕而無德義也以其國法歸周周威公見而問焉曰天下之國其孰先亡對曰晉先亡威公問其說對曰臣不敢直言示晉公以天妖日月星辰之行多不當曰是何能然示以人事多不義百姓多怨曰是何傷示以鄰國不服賢良不興曰是何害是不知所以存所以亡故臣曰晉先亡居三年晉果亡威公又見屠餘而問焉曰孰次之對曰中山次之威公問其故對曰天生民令有辨

有辨人之義也所以異於禽獸麋鹿也君臣上
下所以立也中山之俗以晝爲夜以夜繼日男
女切踦固無休息淫昬康樂歌謳好悲其主弗
知惡此亡國之風也臣故曰中山次之居二年
中山果亡威公又見屠餘而問曰孰次之屠餘
不對威公固請屠餘曰君次之威公懼求國之
長者得鑄疇田邑而禮之又得史理趙巽以爲
諫臣去苛令三十九物以告屠餘屠餘曰其尚
終君之身臣聞國之興也天遺之賢人與之極

諫之士國之亡也天與之亂人與善諛者威公
薨九月不得葬周乃分而爲二故有道者言不
可不重也

齊侯問於晏子曰當今之時諸侯孰危對曰莒
其亡乎公曰奚故對曰地侵於齊貨竭於晉是
以亡也智伯從韓魏之兵以攻趙圍晉陽之城
而漑之城不没者三板絺疵謂智伯曰韓魏之
君必反矣智伯曰何以知之對曰夫勝趙而三
分其地今城未没者三板臼竈生鼃人馬相食

城降有日矣而韓魏之君無喜志而有憂色是非反何也明日智伯謂韓魏之君曰疵言君之反也韓魏之君曰必勝趙而三分其地今城將勝矣夫二家雖愚不弃美利而借約爲難不可成之事其勢可見也是疵必爲趙說君且使君疑二主之心而解於攻趙也今君聽讒臣之言而離二主之交爲君惜之智伯出欲殺絺疵絺疵逃韓魏之君果反

魯公索氏將祭而亡其牲孔子聞之曰公索氏

比及三年必亡矣後一年而亡弟子問曰昔公索氏亡牲夫子曰比及三年必亡矣今期年而亡夫子何以知其將亡也孔子曰蔡之爲言索也索也者盡也乃孝子所以自盡於親也至祭而亡其牲則餘所亡者多矣吾以此知其將亡也

蔡侯宋公鄭伯朝於晉蔡侯謂叔向曰子亦奚以語我對曰蔡言地計衆不若宋鄭其車馬衣裘侈於二國諸侯其有圖蔡者乎處期年荆伐

蔡而殘之白圭之中山中山王欲留之固辭而
去又之齊齊王亦欲留之又辭而去人問其辭
白圭曰二國將亡矣所學者國有五盡故莫之
必忠則言盡矣莫之必譽則名盡矣莫之必愛
則親盡矣行者無糧居者無食則財盡矣不能
用人又不能自用則功盡矣國有此五者毋幸
必亡中山與齊皆當此若使中山之與齊也聞
五盡而更之則必不亡也其患在不聞也雖聞
又不信也然則人主之務在乎善聽而已矣

下蔡威公閉門而哭三日三夜泣盡而繼以血
旁鄰窺牆而問之曰子何故而哭悲若此乎對
曰吾國且亡曰何以知也應之曰吾聞病之將
死也不可爲良醫國之將亡也不可爲計謀吾
數諫吾君吾君不用是以知國之將亡也於是
窺牆者聞其言則舉宗而去之於楚居數年楚
王果舉兵伐蔡窺牆者爲司馬將兵而往來虜
甚衆問曰得無有昆弟故人乎見威公縛在虜
中問曰若何以至於此應曰吾何以不至於此

且吾聞之也言之者行之役也行之者言之主也汝能行我能言汝爲主我爲役吾亦何以不至於此哉窺墻者乃言之於楚王遂解其縛與俱之楚故曰能言者未必能行能行者未必能言

管仲有疾桓公往問之曰仲父若弃寡人豎刁可使從政乎對曰不可豎刁自刑以求入君其身之忍將何有於君公曰然則易牙可乎對曰易牙解其子以食君其子之忍將何有於君若

用之必爲諸侯笑及桓公歿豎刁易牙乃作難
桓公死六十日蟲出於戶而不收
石乞侍坐於屈建屈建曰白公其爲亂乎石乞
曰是何言也白公至於室無營所下士者三人
與己相若臣者五人所與同衣食者千人白公
之行若此何故爲亂屈建曰此建之所謂亂也
以君子行則可於國家行過禮則國家疑之且
苟不難下其臣必不難高其君矣建是以知夫
子將爲亂也處十月白公果爲亂

韓昭侯造作、高門屈宜咎曰昭侯不出此門曰
何也曰不時二句所謂不時者非時日也人固有
利不利昭侯曰利矣不作高門往年秦拔宜陽
明年大旱民不以此時恤民之急也而顧反
益奢此所謂不重至禍必重來者也高門成
昭侯卒竟不出此門
田子顏自大術至乎平陵城下見人子問其父
見人女問其子田子方曰其以平陵反乎吾聞
行於內然後施於外子顏欲使其衆甚矣後果

以平陵叛

晉人已勝智氏歸巾而繕甲砥兵楚王恐召梁公弘曰晉人已勝智氏矣歸而繕甲兵其以我爲事乎梁公曰不患吾其在吳乎夫吳君恤民而同其勞使其民重上之令而人輕其死以從上使如虜之戰臣登山以望之見其用百姓之信必也勿已乎其備之若何不聽明年闔廬襲郢

楚莊王欲伐陳使人視之使者曰陳不可伐也莊王曰何故對曰廿城郭高溝壑深蓄積多其

國寧也王曰陳可伐也夫陳小國也而蓄積多蓄積多則賦斂重賦斂重則民怨上矣城郭高溝壑深則民力罷矣興兵伐之遂取陳

石益謂孫伯曰吳將亡矣吾子亦知之乎孫伯曰晚矣子之知之也吾何爲不知石益曰然則子何不以諫孫伯曰昔桀罪諫者紂焚聖人剖王子比干之心袁氏之婦絡而失其紀其妾告之怨弃之夫亡者豈斯人知其過哉

孝宣皇帝之時霍氏奢靡茂陵徐先生曰霍氏

必亡夫在人之右而奢亡之道也孔子曰奢則
不遜夫不遜者必侮上侮上者逆之道也出人
之右人必害之今霍氏秉權天下之人疾害之
者多矣夫天下害之而又以逆道行之不亡何
待乃上書言霍氏奢靡陛下即愛之宜以時抑
制無使至於亡書三上輒報聞其後霍氏果滅
董忠等以其功封人有爲徐先生書者曰臣聞
客有過主人者見竈直埃傍有積薪客謂主人
曰曲其突遠其積薪不者將有火患主人嘿然

不應居無幾何家果失火鄉聚里中人哀而救之火幸息於是殺牛置酒燔髮灼爛者在上行餘各用功次坐而反不錄言曲突者向使主人聽客之言不費牛酒終無火患今茂陵徐福數上書言霍氏且有變宜防絕之向使福說得行則無裂地出爵之費而國安平自如今往事既已而福獨不得與其功惟陛下察客徙薪曲突之策而使君燔髮灼爛之右書奏上使人賜徐福帛十匹拜爲郎

齊桓公將伐山戎孤竹使人請助於魯魯君進群臣而謀皆曰師行數千里入蠻夷之地必不反矣於是魯許助之而不行齊已伐山戎孤竹而欲移兵於魯管仲曰不可諸侯未親今又伐遠而還誅近鄰鄰國不親非霸王之道君之所得山戎之寶器者中國之所鮮也不可以不進周公之廟乎桓公乃分山戎之寶獻之周公之廟明年起兵伐莒魯下令丁男悉發五尺童子皆至孔子曰聖人轉禍爲福報怨以德此之

謂也

中行文子出士至邊從者曰爲此嗇夫者君人也胡不休焉且待後車者文子曰異日吾好音此子遺吾琴吾好佩又遺吾玉是不非吾過者也自容於我者也吾恐其以我求容也遂不入後車入門文子問嗇夫之所在執不殺之仲尼聞之曰中行文子背道失義以亡其國然後得之猶活其身道不可遺也若此

衛靈公襜被以與婦人游子貢見公公曰衛其

亡乎對曰昔者夏桀殷紂不任其過故亡成湯文武知任其過故興衛其亡也

智伯請地於魏宣子宣子不予任增曰何爲不予宣子曰彼無故而請地吾是以不予任增曰彼無故而請地者無故而與之是重欲無厭也彼喜必又請地於諸侯諸侯不與必怒而伐之宣子曰善遂與地智伯喜又請地於趙趙不與智伯怒圍晉陽韓魏合趙而反智氏智氏遂滅

楚莊王與晉戰勝之懼諸侯之畏己也乃築爲

五仞之臺臺成而觴諸侯諸侯請約莊王曰我
薄德之人也諸侯請爲觴乃仰而曰將將之臺
窅窅其謀我言而不當諸侯伐之於是遠者來
朝近者入賓
吴王夫差破越又將伐陳楚大夫皆懼曰昔闔
廬能用其衆故破幾於柏舉今聞夫差又甚焉
子西曰二三子恤不相睦也無患吴矣昔闔廬
食不貳味處不重席擇不取費在國天有災親
戚之困而供之在軍食熟者半而後食其所嘗

者卒乘必與爲是以民不罷勞死知不曠今夫
差次有臺榭陂池焉宿有妃嬙嬪御焉一日之
行所欲必成玩好必從珍異是聚夫差先自敗
已焉能敗我

越破吳請師於楚以伐晉楚王與大夫皆懼將
許之左史倚相曰此恐吾攻已故示我不病請
爲長轂千乘卒三萬與分吳地也莊王聽之遂
取東國陽虎爲難於魯走之齊請師攻魯齊侯
許之鮑文子曰不可也陽虎欲齊師破齊師破

大臣必多死於是欲奮其詐謀夫虎有寵於季氏而將殺季孫以不利魯國而容其求爲今君富於季氏而大於魯國滋陽虎所欲傾覆也魯免其疾而君又收之毋乃害乎齊君乃執之免而奔晉

湯欲伐桀伊尹曰請阻乏之貢職以觀其動桀怒起九夷之師以伐之伊尹曰未可彼尚猶能起九夷之師是罪在我也湯乃謝罪請服復入貢職明年又不供貢職桀怒起九夷之師九夷之

師不起伊尹曰可矣湯乃興師伐而殘之遷桀
南巢氏焉
武王伐紂過隧斬岸過水折舟過谷發梁過山
焚萊示民無返志也至於有戎之隧大風折旆
散宜生諫曰此其妖歟武王曰非也天落兵也
風霽而乘以大雨水平地而畬散宜生又諫曰
此其妖歟武王曰非也天洒兵也卜而龜熸散
宜生又諫曰此其妖歟武王曰不利以禱祠利
以擊衆是熸之已故武王順天地犯三妖而禽

紂於牧野其所獨見者精也

晉文公與荆人戰於城濮君問於咎犯咎犯對曰服義之君不足於信服戰之君不足於詐詐之而已矣君問於雍季雍季對曰焚林而田得獸雖多而明年無復也乾澤而漁得漁雖多而明年無復也詐猶可以偷利而後無報遂與荆軍戰大敗之及賞先雍季而後咎犯侍者曰城濮之戰咎犯之謀也君曰雍季之言百世之謀也咎犯之言一時之權也寡人旣行之矣

城濮之戰文公謂咎犯曰吾卜戰而龜熸我迎歲彼背月歲彗星見彼操其柄我操其標吾又夢與荆王摶彼在上我在下吾欲無戰子以爲何如咎犯對曰卜戰龜熸是荆人也我迎歲彼背歲彼去我從之也彗星見彼操其柄我操其標以掃則彼利以擊則我利君夢與荆王摶彼在上君在下則君見天而荆王伏其罪也且吾以宋衛爲主齊秦輔我我合天道獨以人事固將勝之矣文公從之荆人大敗

越饑勾踐懼四水進諫曰夫饑越之福也而吴之禍也夫〻吴國甚富而財有餘其君好名而不思後患若〻我卑辭重幣以請糴於吴〻必與我與我則吴可取也越王從之吴將與之子胥諫曰不可夫〻吴越接地鄰境道易通仇讐敵戰之國也非吴〻有越〻越必有吴矣夫齊晉不能越三江五湖以〻亡吴越不如因而攻之是吾先王闔廬之所以〻霸也且失饑何哉亦猶淵也敗伐之事誰國無有君若不攻而輸之糴則利去而凶

至財匱而民怨悔無及也吳王曰吾聞義兵不
服仁人不以餓饑而攻之雖得十越吾不爲也
遂與糴三年吳亦饑請糴於越越王不與而攻
之遂破吳

趙簡子使成何涉他與衛靈公盟於鄟澤靈公
未喋盟成何涉他挼靈公之手而撙之靈公怒
欲反趙王孫商曰君欲反趙不如與百姓同惡
之公曰若何對曰請命臣令於國曰有如姊妹
女者家一人質於趙百姓必怨君因反之矣君

曰善乃令之三日遂徵之五日而令畢國人巷
哭君乃召國大夫而謀曰趙爲無道反之可乎
大夫皆曰可乃出西門閉東門趙氏聞之縛涉
他而斬之以謝於衛成何走燕子貢曰王孫商
可謂善謀矣憎人而能害之有患而能處之欲
用民而能附之一舉而三物俱至可謂善謀矣
楚成王贊諸屬諸侯使魯君爲僕魯君致大夫
而謀曰我雖小亦周之建國也今成王以我爲
僕可乎大夫皆曰不可公儀休曰不可不聽楚

王身死國亡君之臣乃君之有也爲民君也魯君遂爲僕

齊景公以其子妻闔廬送諸郊泣曰余死不汝見矣高夢子曰齊負海而縣山縱不能全收天下誰干我君愛則勿行公曰余有齊國之固不能以令諸侯又不能聽是生亂也寡人聞之不能令則莫若從且夫具若蜂蠆然不弃毒於人則不静余恐弃毒於我也遂遣之

齊欲妻鄭太子忽太子忽辭人問其故太子曰

人各有偶齊大非吾偶也詩云自求多福在我
而已矣後戎伐齊齊請師于鄭鄭太子忽率師
而救齊大敗戎師齊又欲妻之太子固辭人問
其故對曰無事於齊吾猶不敢今以君命救齊
之急受室以歸人其以我爲師婚乎終辭之
孔子問漆雕馬人曰子事臧文仲武仲孺子容
三大夫者孰爲賢漆雕馬人對曰臧氏家有龜
焉名曰蔡文仲立三年爲一兆焉武仲立三年
爲二兆焉孺子容立三年爲三兆焉馬人見之

矣若夫三大夫之賢不賢馬人不識也孔子曰君子哉漆雕氏之子其言人之美也隱而顯其言人之過也徵而著故智不能及明不能見得無數卜乎

安陵纏以顏色美壯得幸於楚共王江乙往見安陵纏曰子之先人豈有矢石之功於王乎曰無有江乙曰子之身豈亦有乎曰無有江乙曰子之貴何以至於此乎曰僕不知所以江乙曰吾聞之以財事人者財盡而交疏以色事人者

華落而愛[十八]今子之華有時而落子何以長幸
無解於王乎安陵纏曰臣年少愚陋願委智於
先生江乙曰[卄]從爲殉可耳安陵纏曰敬聞命
矣江乙去居〃朞年逢安陵纏謂曰前日所諭子
者通之於王[卄一]曰未可也居朞年江乙復見安
陵纏曰子豈[卄二]王乎安陵纏曰臣未得王之間
也江乙曰子出與王同車入與王同坐居三年
言未得王之間乎以吾之説未可耳不悦而去
其年共王獵江渚之野野火之起若雲蜺虎狼

之嘷若雷霆有狂兕從南方來正觸王左驂王

舉旌旄而使善射者射之一發兕死車下王大

喜拊手而笑顧謂安陵纏曰吾萬歲之後子將

誰與斯樂乎安陵纏乃逡遁而却泣下沾衿抱

王曰萬歲之後二一將從爲殉安知樂此者誰於

是共王乃封安陵纏於車下三百戶故曰江乙

善謀安陵纏知時

太子商臣怨令尹子上也楚攻陳晉救之夾泜

水而軍陽處父知商臣之怨子上也因謂子上

曰少却吾涉而從子子上却因令晉軍曰楚遁
矣使人告商臣曰子二受晉賂而去之商臣訴
之成王成王遂殺之

智伯欲襲衛故遺之乘馬先之一璧衛君大悅
酌酒諸大夫皆喜南文子獨不喜有憂色衛君
曰大國禮寡人寡人故酌諸大夫酒諸大夫皆
喜而子獨不喜有憂色者何也南文子曰無方
之禮無功之賞禍之先也我未有往彼有以来
是以憂也於是衛君乃修梁津而擬邉城智伯

聞衛兵在境上乃還

智伯欲襲衛乃佯亡其太子顏使奔衛南文子曰太子顏之爲其君子也甚愛非有大罪也而亡之必有然故人亡而不受不祥使吏逆之曰車過五乘愼勿內也智伯聞之乃止

叔向之殺萇弘也數見萇弘於周因佯遺書曰萇弘謂叔向曰子起晉國之兵以攻周吾廢劉氏而立單氏劉氏請之君曰此萇弘也乃殺之

楚公子午使於秦秦囚之其弟獻三百金於叔

叔向謂平公曰何不城壺丘秦楚患壺丘之城若秦恐而歸公子午以止吾城也君乃止難亦未構楚必德君平公曰善乃城之秦恐遂歸公子午使之晉晉人輟城楚獻晉賦三百車

楚簡子使人以明白之乘六先以一璧爲遺於衛衛叔文子曰見不意可以生故此小之所以事大也今我未以往而簡子先以來必有故於是斬林除圍聚斂蓄積而後遣使者簡子曰吾舉也爲不可知也今既已知之矣乃輟圍衛也

鄭桓公將欲襲鄶先問鄶之辨智果敢之士書其名姓擇鄶之良臣而與之爲官爵之名而書之因爲設壇於門外而埋之釁之以猳若盟狀鄶君以爲內難也盡殺其良臣桓公因襲之遂取鄶

鄭桓公東會封於鄭暮舍於宋東之逆旅逆旅之叟從外來曰客將焉之曰會封於鄭逆旅之叟曰吾聞之時難得而易失也今客之寢安殆非封

桓公聞之援轡自駕其僕而戰之行

不而至耆何與之亞 乙上 六員

微遂旅之叟幾不會封也

晉文公伐衛入郭坐士令食曰今日必傅大垣公子慮俛而笑之文公曰奚笑對曰臣之妻歸臣送之反見桑者而助之顧臣之妻則亦有送之者矣文公懼還師而歸至國而貉人攻其地

說苑卷第十三

說苑卷第十四

鴻嘉四年三月己亥護左都水使者光祿大夫臣劉向上

至公

書曰不偏不黨王道蕩蕩言至公也古有行大公者帝堯是也貴為天子富有天下得舜而傳之不私於其子孫也去天下若遺躧於天下猶然況其細於天下乎非帝堯孰能行之孔子曰巍巍乎惟天為大惟堯則之易曰無首吉此蓋人君之公也夫以公與天下其德大矣推之於

此刑之於彼萬姓之所載後世之所則也彼人臣之公治官事則不營私家在公門則不言貨利當公法則不阿親戚奉公舉賢則不避仇讎忠於事君仁於利下推之以恕道行之以不黨伊吕是也故顯名存於今是之謂公詩云周道如砥其直如矢君子所履小人所視此之謂也夫公生明偏生暗端慤生達詐僞生塞誠信生神夸誕生惑此六者君子之所慎也而禹桀之所以分也詩云疾威上帝其命多僻言不公也

吳王壽夢有四子長曰謁次曰餘祭次曰夷昧次曰季札號曰延陵季子最賢三兄皆知之於是王壽夢薨謁以位讓季子季子終不肯當謁乃爲約曰季子賢使國及季子則吳可以興乃兄弟相繼飲食必祝曰使吾早死令國及季子謁死餘祭立餘祭死夷昧立夷昧死次及季子季子時使行不在庶兄僚曰我亦兄也乃自立爲吳王季子使還復事如故謁子光曰以吾父之意則國當歸季子以繼嗣之法則我適也當

代之君僚何爲也於是乃使專諸刺僚殺之以
位讓季子季子曰爾殺吾君吾受爾國則吾與
爾爲共篡也爾殺吾兄吾又殺汝則是昆弟父
子相殺無已時也卒去之延陵終身不入吳君
子以其不殺爲仁以其不取國爲義夫不以國
私身捐千乘而不恨弃尊位而無忿可以庶幾矣
諸侯之義死社稷大王委國而去何也夫聖人
不欲強暴侵陵百姓故使諸侯死國守其民大
王有至仁之恩不忍戰百姓故事勳育戎氏以

犬馬珍幣而伐不止問其所欲者土地也於是屬其群臣耆老而告之曰土地者所以養人也不以所以養而害其養也吾將去之遂居岐山之下邠人負幼扶老從之如歸父母三遷而民五倍其初者皆興仁義趣上之事君子守國安民非特鬬兵罷殺士衆而已不私其身惟民是用保民蓋所以去國之義也是謂至公耳

辛櫟見魯穆公曰周公不如太公之賢也穆公曰子何以言之辛櫟對曰周公擇地而封曲阜

太公擇地而封營丘爵土等其地不若營丘之
美人民不如營丘之衆不徒若是營丘又有天
固穆公心慙不能應也辛櫟遂而出南宫邊子
入穆公具以辛櫟之言語南宫邊子南宫邊子
曰昔周成王之卜居成周也其命龜曰予一人
兼有天下辟就百姓敢無中土乎使予有罪則
四方伐之無難得也周公卜居曲阜其命龜曰
作邑乎山之陽賢則茂昌不賢則速亡季孫行
父之戒其子也曰吾欲室之俠於兩社之間也

使吾後世有不能奉上者使其替之益速如是
則百賢則茂昌不賢則速亡安在擇地而封哉
或示有天下也幸樂之言小人也子無復道也
秦始皇帝既吞天下乃召群臣而議曰古者五
帝禪賢三王世繼孰是將為之博士七十人未
對鮑白令之對曰天下官則讓賢是也天下家
則世繼是也故五帝以天下為官三王以天下
為家秦始皇帝仰天而歎曰吾德出于五帝吾
將官天下誰可使代我後者鮑白令之對曰陛

下行桀紂之道欲為五帝之禪非陛下所能行也秦始皇帝大怒曰令之前若何以言我行桀紂之道也趣說之不解則死令之對曰臣請說之陛下築臺干雲宮殿五里建千石之鍾萬石之簴婦女連百倡優累千興作驪山宮室至雍相繼不絕所以自奉者殫天下竭民力偏駮自私不能以及人陛下所謂自營僅存之主也何暇比德五帝欲官天下哉始皇闇然無以應之面有慙色久之曰令之之言乃令衆醜我遂罷

諫無禪意也

齊景公嘗賞賜及後宮文繡被臺榭菽粟食鳧鴈出而見殣謂晏子曰此何爲死晏子對曰此餧而死公曰嘻寡人之無德也何甚矣晏子對曰君之德著而彰何爲無德也景公曰何謂也對曰君之德及後宮與臺榭君之玩物衣以文繡君之鳧鴈食以菽粟君之營內自樂延及後宮之族何爲其無德也顧臣願有請於君由君之意自樂之心推而與百姓同之則何殣之有

君不推此而苟營内好私使財貨偏有所聚菽
粟幣帛腐於囷府惠不遍加于百姓公心不周
乎國則桀紂之所以亡也夫士民之所以叛由
偏之也君如察臣嬰之言推君之盛德公布之
於天下則湯武可爲也一殣何足恤哉
楚共王出獵而遺其弓左右請求之共王曰止
楚人遺弓楚人得之又何求焉仲尼聞之曰惜
乎其不大亦曰人遺弓人得之而已何必楚也
仲尼所謂大公也

萬章問曰孔子於衛主癰疽於齊主寺人瘠環
有諸孟子曰否不然好事者爲之也於衛主顏
讎由彌子之妻與子路之妻兄弟也彌子謂子
路曰孔子主我衛卿可得也子路以告孔子曰
有命孔子進之以禮退之以義得之不得曰有
命而主癰疽與寺人瘠環是無命也孔子不說
於魯衛將適宋遭桓司馬將要而殺之微服過
宋是時孔子當阨主司城貞子爲陳侯周臣吾聞
觀近臣以其所爲主觀遠臣以其所主如

孔子主癰雎與寺人瘠環何以爲孔子乎
夫子行說七十諸侯無定處意欲使天下之民
各得其所而道不行退而脩春秋采豪毛之善
貶纖介之惡人事浹王道備精和聖制上通於
天而麟至此天之知夫子也於是喟然而歎曰
天以至明爲不可蔽乎日何爲而食地以至安
爲不可危乎地何爲而動天地而尚有動蔽是
故賢聖說於世而不得行其道故災異並作也
夫子曰不怨天不尤人下學而上達知我者其

大平

孔子生於亂世莫之能容也故言行於君澤加於民然後仕言不行於君澤不加於民則處孔子懷天覆之心挾仁聖之德憫時俗之汙泥傷紀綱之廢壞服重歷遠周流應聘乃俟幸施道以子百姓而當世諸侯莫能任用是以德積而不肆六道屈而不伸海內不蒙其化羣生不被其恩故喟然歎曰而有用我者則吾其爲東周乎故孔子行說非欲私身運德於一城將欲舒

之於天下而建之於群生者耳

秦晉戰交敵秦使人謂晉將軍曰三軍之士皆未息明日請復戰臾駢曰使者目動而言肆懼我將遁矣迫之河必敗之趙盾曰死傷未收而弃之不惠也不待期而迫人於險無勇也請待秦人夜遁

子胥將之吳辭其友申包胥曰後三年楚不亡吾不見子矣申包胥曰子其勉之吾未可以助子助子是伐宗廟也二子是無以爲友雖然子

亡之我存之於是乎觀楚一存一亡也後五年
吳師伐楚昭王出走申包胥不受命西見秦伯
曰吳無道兵强人衆將征天下始於楚寡君出
走居雲夢使下臣告急哀公曰諾固將圖之申
包胥不罷朝立於秦廷晝夜哭七日七夜不絕
聲哀公曰有臣如此可不救乎興師救楚吳人
聞之引兵而還昭王反復欲封申包胥申包胥
辭曰救亡非爲名也功成受賜是賣勇也辭不
受遂退隱終身不見詩云凡民有喪匍匐救之

楚令尹虞丘子復於莊王曰臣聞奉公行法可以得榮能淺行薄無望上位不名仁智無求顯榮才之所不著無當其處臣為令尹十年矣國不加治獄訟不息處士不升淫禍不討久踐高位妨群賢路尸祿素飡貪欲無猒臣之罪當稽於理臣竊選國俊下里之士曰孫叔敖秀羸多能其性無欲君舉而授之政則國可使治而士民可使附莊王曰子輔寡人寡人得以長於中國令行於絕域遂霸諸侯非子如何虞丘子曰

久固祿位者貪也不進賢達能者誣也不讓以位者不廉也不能三者不忠也爲人臣不忠君王又何以爲忠臣顧固辭莊王從之賜虞子采地三百號曰國老以孫叔敖爲令尹少焉虞丘子家干法孫叔敖執而戮之虞丘子喜入見於王曰臣言孫叔敖果可使持國政奉國法而不黨施刑戮而不骫可謂公平莊王曰夫子之賜也已

趙宣子言韓獻子於晉侯曰其爲人不黨治衆

不亂臨死不怨晉侯以為中軍尉河曲之役趙宣子之車干行韓獻子戮其僕人皆曰韓獻子必死矣其主朝昇之而暮戮其僕誰能待之役罷趙宣子觴大夫爵三行曰二三子可以賀我二三子曰不知所賀宣子曰我言韓厥於君言之而不當必受其刑今吾車失次而戮之僕可謂不黨矣是吾言當也二三子再拜稽首曰不惟晉國適享之乃唐叔是賴之敢不再拜稽首乎

晉文公問於咎犯曰誰可使為西河守者咎犯

對曰虞子羔可也公曰非汝之讎也對曰君問
可爲守者非問臣之讎也羔見咎犯而謝之曰
幸赦臣之過薦之於君得爲西河守咎犯曰薦
子者公也怨子者私也吾不以私事害公義子
其去矣顧吾射子也
楚文王伐鄧使王子革王子靈共捃菜二子出
採見老丈人載畚乞焉不與搏而奪之王聞之
令皆拘二子將殺之大夫辭曰取畚信有罪然
殺之非其罪也君若何殺之言卒丈人造軍而

言曰鄧爲無道故伐之今君公之子之搏而奪吾畚無道甚於鄧呼天而號君聞之群臣恐君見之曰詩有罪而横奪非所以禁暴也恃力虐老非所以教幼也愛子弃法非所以保國也私二子滅三行非所以從政也丈人舍之矣謝之軍門之外耳

楚令尹子文之族有干法者廷理拘之聞其令尹之族也而釋之子文召廷理而責之曰凡立廷理者將以司犯王令而察觸國法也夫直士

持法柔而不撓剛而不折今弃法而背令而釋犯法者是爲理不端懷心不公也豈吾營私之意也何廷理之駮於法也吾在上位以率士民士民或怨而吾不能免之於法今吾族犯法甚明而使廷理因緣吾心而釋之是吾不公之心明著於國也執一國之柄而以私聞與吾生不以義不若吾死也遂致其族人於廷理曰不是刑也吾將死廷理懼遂刑其族人成王聞之不及履而至于子文之室曰寡人幼少置理失其

人以違夫子之意於是黜廷理而尊子文使及
內政國人聞之曰若令尹之公也吾黨何憂乎
乃相與作歌曰子文之族犯國法程廷理釋之
子文不聽恤顧怨萌方正公平
楚莊王有茅門者法曰群臣大夫諸公子入朝
馬蹄蹂霤者斬其輈而戮其御太子入朝馬蹄
蹂霤廷理斬其輈而戮其御太子大怒入為王
泣曰為我誅廷理王曰法者所以敬宗廟尊社
稷故能立法從令尊敬社稷者社稷之臣也安

可以加誅夫犯法廢令不尊敬社稷是臣
棄君下陵上也臣棄君則主失威下陵上則
上危社稷不守吾何以遺子太子乃還走
避舍再拜請死
楚莊王之時太子車立於茅門之內少師慶逐
之太子怒入謁王曰少師慶逐臣之車王曰舍之老
君在前而不踰少君在後而不豫是國之寶臣也
吳王闔廬爲伍子胥興師復讎於楚子胥
諫曰諸侯不為匹夫興師且事君猶事父也

爵君之義復父之讎臣不爲也於是止其後因
事而後復其父讎也如子胥可謂不以公事趨
私矣
孔子爲魯司寇聽獄必師斷敦敦然皆立然後
君子進曰某子以爲何若某子以爲云云又曰
某子以爲何若某子曰云云辯矣然後君子
幾當從某子云云乎以君子之知豈必待某子
之云云然後知所以斷獄哉君子之敬讓也文
辭有可與人共之者君子不獨有也

子羔爲衛政刖人之足衛之君臣亂子羔走郭
門郭門閉刖者守門曰於彼有缺子羔曰君子
不踰曰於彼有竇子羔曰君子不遂曰於此有
室子羔入追者罷子羔將去謂刖者曰吾不能
虧損主之法令而親刖子之足吾在難中此乃
子之報怨時也何故逃我刖者曰斷足固我罪
也無可柰何君之治臣也傾側法令先後臣以
法欲臣之免於法也臣知之獄决罪定臨當論
刑君愀然不樂見於顏色臣又知之君豈私臣

哉天生仁人之心其固然也此臣之所以脫君

也孔子聞之曰善爲吏者樹德不善爲吏者樹怨

公行之也其子羔之謂歟

說苑卷第十四

說苑卷第十五

鴻嘉四年三月己亥護左都水使者光祿大夫臣劉向上

指武

司馬法曰國雖大好戰必亡天下雖安忘戰必危易曰君子以除戎器戒不虞夫兵不可玩玩則無威兵不可廢廢則召寇昔吳王夫差好戰而亡徐偃王無武亦滅故明王之制國也上不玩兵下不廢武易曰存不忘亡是以身安而國家可保也

秦昭王中朝而歎曰夫楚劍利倡優拙夫劍利
則士多慓悍倡優拙則思慮遠也吾恐楚之謀
秦也此謂當吉念凶而存不忘亡也卒以成
霸焉
王孫厲謂楚文王曰徐偃王好行仁義之道漢
東諸侯三十二國盡服矣王若不伐楚必事徐
王曰若信有道不可伐也對曰大之伐小強之
伐弱猶大魚之吞小魚也若虎之食豚也惡有
其不得理文王遂興師伐徐殘之徐偃王將死

曰吾賴於文德而不明武備偏好行仁義之道而
不知詐人之心以至於此夫古之王者其有備
乎
吴起爲苑守行縣適息問屈宜臼曰王不知起
不肖以爲苑守先生將何以教之屈公不對居
一年王以爲令尹行縣適息問屈宜臼曰起問
先生先生不教今王不知起不肖以爲令尹先
生試觀起爲之也屈公曰子將奈何吴起曰將
均楚國之爵而平其禄損其有餘而繼其不足

厲甲兵以時爭於天下屬公曰吾聞昔善治國家者不憂故不易常今子將均吳國之爵而平其祿損其有餘而繼其不足是變其故而易其常也且吾聞兵者凶器也爭者逆德也今子陰謀逆德好用凶器殆人所棄逆之至也淫泆之事也行者不利且子用魯兵不宜得志於齊而得志焉子用魏兵不宜得志於秦而得志焉吾聞之曰非禍人不能成禍吾固怪吾王之數逆天道至今無禍嘻且待夫子也是起惕然曰尚

可更乎屈公曰不可吴起曰起之爲人謀屈公
曰成刑之徒不可更已子不如敦處而篤行之
楚國無貴于舉賢
春秋記國家存亡以察來世雖有廣土衆民堅
甲利兵威猛之將士卒不親附不可以戰勝取
功晉侯獲於韓楚子玉得臣敗於城濮蔡不待
敵而衆潰故語曰文王不能使不附之民先軫
不能戰不教之卒造父王良不能以弊車不作
之馬趨疾而致遠羿逢蒙不能以枉矢弱弓射

遠中微故強弱成敗之要在乎附士卒教習之
而已
内治未得不可以正外本患未襲不可以制末
是以春秋先京師而後諸夏先諸華而後夷狄
及周惠王以遭亂世繼先王之體而強楚稱王
諸侯背叛欲申先王之命一統天下不先廣養
京師以及諸夏諸夏以及夷狄内治未得忿則
不料力權得失興兵而征強楚師大敗撙屈不
行大爲天下戮咲幸遂齊桓公以得安尊故内

治未得不可以正外本惠未襲不可以制末
將師受命者將率入軍吏畢入皆北面再拜稽
首受命天子南面而授之鉞東行西面而揖之
示弗御也故受命而出忘其國即戎忘其家聞
枹鼓之聲唯恐不勝忘其身故必死必死不如
樂死樂死不如甘死甘死不如義死義死不如
視死如歸此之謂也故一人必死十人弗能待
也十人必死百人弗能待也百人必死千人不
能待也千人必死萬人弗能待也萬人必死橫

行乎天下令行禁止王者之師也
田單爲齊上將軍興師十萬將以攻翟往見魯
仲連子仲連子曰將軍之攻翟必不能下矣田
將軍曰單以五里之城十里之郭復齊之國何
爲攻翟不能下去上車不與言決攻翟三月而
不能下齊嬰兒謡之曰大冠如箕長劍柱頤攻
翟不能下壘於梧丘於是田將軍恐駭往見仲
連子曰先生何以知單之攻翟不能下也仲連
子曰夫將軍在即墨之時坐則織蕢立則杖臿

爲士卒倡曰宗廟亡矣魂魄喪矣歸何黨矣故
將有死心士卒無生之氣今將軍東有掖邑之
封西有淄上之寶金銀黃帶馳騁乎淄澠之間
是以樂生而惡死也田將軍明日結髮徑立矢
石之所乃引枹而鼓之狙人下之故將者亡之
心也士者將之枝體也心猶與則枝體不用田
將軍之謂乎
晉智伯伐鄭齊田恒救之有登蓋必身立焉車
徒有不進者必令助之壘一合而後敢處井竈成

而後敢食智伯曰吾聞一面恒新得國而愛其民内同其財外同其勤勞治軍若此其得衆也不可待也乃去之耳

太公兵法曰致慈愛之心立武威之戰以畢其衆練其精鋭砥礪其節以高其氣分爲五選異其旗章勿使冒亂堅其行陣連其什伍以禁淫非壘陳之次車騎之處也

兵之勢軍之法令賞罰之數使士赴火蹈刃陷陳取將死不旋踵者多異於今之將者也

孝昭皇帝時北軍監御史爲姦穿北門垣以爲
賈區胡建守北軍弱貧無車馬常步與走卒起
居所以慰愛走卒甚厚建欲誅監御史乃約其
走卒曰我欲與公有所誅吾言取之則取之斬
之則斬之於是當選士馬日護軍諸校列坐堂
皇上監御史亦坐建從走卒趨至堂下拜謁因
上堂走卒皆上建跪指監御史曰取彼走卒前
捽下堂建曰斬之遂斬監御史護軍及諸校皆
愕驚不知所以建亦已有成奏在其懷遂上奏

以聞曰臣聞軍法立武以威衆誅惡以禁邪今
北軍監御史公穿軍垣以求賈利買賣以與士
市不立剛武之心勇猛之意以率先士大夫尤
失理不公臣聞黃帝理法曰壘壁已具行不由
路請之姦人姦人者殺臣謹以斬之昧死以聞
制曰司馬法曰國容不入軍軍容不入國也建
有何疑焉建由是名興後至渭城令死至今渭
城有其祠也

魯石公劒迫則能應感則能動昒穆無窮變經

形像復柔委從知影與響如奄之守户如𩊱之
遂馬響之應聲影之像形也閶不及鞈呼不及
吸足舉不及集相離若蟬翼尚在肱北眉睫之
微曾不可以矢息小以小況大用兵之道其錯
然乎此善當敵者也未及夫折衝於未形之前
者提讓乎廟堂之上而施惠乎百萬之民安乎
則無變動戰則不血刃其湯武之兵與[illegible]
孔子北遊東上農山子路子貢顏淵從孔子
喟然歎曰登高望下使人心悲二三子者各言

尒志丘將聽之子路曰願得白羽若月赤羽若日鍾鼓之音上聞乎天旌旗翩飜下蟠於地由且舉兵而擊之必也攘地千里獨由能耳使二子者為我從焉孔子曰勇哉士乎憤憤者乎子貢曰賜也願齊楚合戰於莽洋之野兩壘相旌旗相望塵埃相接接戰構兵賜願著縞衣冠陳說白刃之間解兩國之患獨賜能耳使二子者為我從焉孔子曰辯哉士乎僊僊者乎顏淵獨不言孔子曰回來若獨何不願乎

曰文武之事二子已言之回何敢與焉孔子曰若鄙心不與焉弟言之顔淵曰回聞鮑魚蘭芷不同篋而藏堯舜桀紂不同國而治二子之言與回言異回願得明王聖主而相之使城郭不脩溝池不越鍛劒戟以爲農器使天下千歲無戰鬬之患如此則由何憤憤而擊賜又何僊僊而使乎孔子曰美哉德乎姚姚者乎子路舉手問曰願聞夫子之意孔子曰吾所願者顔氏之計吾願負衣冠而從顔氏子也

魯哀公問於仲尼曰吾欲小則守大則攻其道若何仲尼曰若朝廷有禮上下有親民之衆皆君之畜也君將誰攻若朝廷無禮上下無親民衆皆君之讎也君將誰與守於是廢澤梁之禁弛關市之征以爲民惠也

文王曰吾欲用兵誰可伐密須氏疑於我可先往伐管叔曰不可其君天下之明君也伐之不義太公望曰臣聞之先王伐枉不伐順伐險不伐易伐過不伐不及文王曰善遂伐密須氏滅

之也

武王將伐紂召太公望而問之曰吾欲不戰而知勝不卜而知吉使非其人爲之有道乎太公對曰有道王得衆人之心以圖不道則不戰而知勝矣以賢伐不肖則不卜而知吉矣彼害之我利之雖非吾民可得而使也武王曰善乃召周公而問焉曰天下之圖事者皆以殷爲天子以周爲諸侯以諸侯攻天子勝之有道乎周公對曰殷信天子周信諸侯則無勝之道矣何可

攻乎武王忿然曰汝言有說乎周公對曰臣聞
之攻禮者爲賊攻義者爲殘失其民制爲匹夫
王攻其失民者也何攻天子乎武王曰善乃起
衆舉師與殷戰於牧之野大敗殷人上堂見玉
曰誰之玉也曰諸侯之玉即取而歸之於諸侯
天下聞之曰武王廉於財矣入室見女曰誰之
女也曰諸侯之女也即取而歸之於諸侯天下
聞之曰武王廉於色也於是發巨橋之粟散鹿
臺之財金錢以與士民黜其戰車而不乘弛其

甲兵而弗用縱馬華山放牛桃林示不復用天
下聞者咸謂武王行義於天下豈不大哉
文王欲伐崇先宣言曰余聞崇侯虎蔑侮父兄
不敬長老聽獄不中分財不均百姓力盡不得
衣食余將來征之唯為民乃伐崇令毋殺人毋
壞室毋填井毋伐樹木毋動六畜有不如令者
死無赦崇人聞之因請降
楚莊王伐陳吳救之雨十日十夜晴左史倚相
曰吳必夜至甲列壘壞彼必薄我何不行列鼓

出待之吴師至楚見成陳而還左史倚相曰追之吴行六十里而無功王罷卒寢果擊之大敗吴師

齊桓公之時霖雨十旬桓公欲伐漅陵其城之值雨也未合管仲隰朋以卒徒造於門桓公曰徒衆何以爲管仲對曰臣聞之雨則有事夫漅陵不能雨臣請攻之公曰善遂興師伐之既至大卒閒外士在内矣桓公曰其有聖人乎乃還旗而去之

宋圍曹不拔司馬子魚謂君曰文王伐崇崇
其城三旬不降退而修教復伐之因壘而降今
君德無乃有所闕乎胡不退修德無闕而後動
吳王闔廬與荊人戰於柏舉大勝之至於郢郊
五敗荊人闔廬之臣五人進諫曰夫深入遠報
非王之利也王其返乎五將鍥頭闔廬未之應
五人之頭墜於馬前闔廬懼召伍子胥而問焉
子胥曰五臣者懼也夫五敗之人者其懼甚矣
王姑少進遂入郢南至江北至方城方三千里

皆服於吳矣

田成子常與宰我爭宰我夜伏卒將以攻田成子令於卒中曰不見旌節毋起鴟夷子皮聞之告田成子田成子因為旌節以起宰我之卒以攻之遂殘之也

齊桓公北伐山戎氏請兵於魯魯不與兵桓公怒將攻之管仲曰不可我已刑北方諸侯矣今又攻魯無乃不可乎魯必事楚是我一舉而失兩也桓公曰善乃輟攻魯矣

聖人之治天下也先文德而後武力凡武之興爲不服也文化不改然後加誅夫下愚不移純德之所不能化而後武力加焉

昔堯誅四凶以懲惡周公殺管蔡以弭亂子產殺鄧析以威後孔子斬少正卯以變衆佞賊之人而不誅亂之道也易曰不威小不懲大此小人之福也

五帝三王教以仁義而天下變也孔子亦教以仁義而天下不從者何也昔明王有紱冕以尊

賢有斧鉞以誅惡故其賞至重而刑至深而天下變
孔子賢顏淵無以賞之賤孺悲無以罰之故天下不
從是故道非權不立非勢不行是道尊然後行
孔子爲魯司寇七日而誅少正卯於東觀之下
門人聞之趨而進至者不言其意皆一也子貢
後至趨而進曰夫少正卯者魯國之聞人矣夫
子始爲政何以先誅之孔子曰賜也非爾所及
也夫王者之誅有五而盜竊不與焉一曰心辨
而險二曰言僞而辨三曰行辟而堅四曰志愚

而慱五曰順非而澤此五者皆有辨知聰達之名而非其真也苟行以偽則其知足以移衆強足以獨立此姦人之雄也不可不誅夫有五者之一則不免於誅今少正卯兼之是以先誅之也昔者湯誅蠋沐太公誅潘阯管仲誅史附里子產誅鄧析此五子未有不誅也所謂誅之者非爲其晝則攻盜暮則穿窬也皆傾覆之徒也此固君子之所疑愚者之所惑也詩云憂心悄悄慍于群小此之謂矣

齊人王滿生見周公周公出見之曰先生遠辱何以教之王滿生曰言內事者於內言外事者於外今言內事乎言外事乎周公導入王滿生曰敬從布席周公不導坐王滿生曰言大事者坐言小事者倚今言大事乎言小事乎周公導坐王滿生坐周公曰先生何以教之王滿生曰臣聞聖人不言而知非聖人者雖言不知今欲言乎無言乎周公俛念有頃不對王滿曰藉筆牘書之曰社稷且危傅之於膺周公仰視見書

曰唯唯謹聞命矣明日誅管蔡

說苑卷第十五

說苑卷第十六

鴻嘉四年三月己亥護左都水使者光祿大夫臣劉向上

談叢

王者知所以臨下而治衆則群臣畏服矣知所以聽言受事則不蔽欺矣知所以安利萬民則海内必定矣知所以忠孝事上則臣子之行備矣凡所以劫殺者不知道術以御其臣下也凡吏勝其職則事治事治則利生不勝其職則事亂事亂則害成也

百方之事萬變鋒出或欲持虛或欲持實或好浮遊或好誠必或行安舒或爲飄疾從此觀之天下不可一聖王臨天下而能一之

意不並銳事不兩降盛於彼者必衰於此長於左者必短於右憙夜卧者不能蚤起也

鸞設於鑣和設於軾馬動而鸞鳴鸞鳴而和應行之節也

不富無以爲大不予無以合親親疎則害失衆則敗不教而誅謂之虐不戒責成謂之暴也

夫水出於山而入於海稼生於田而藏於廩聖人見所生則知所歸矣

天道布順人事取予多藏不用是謂怨府故物不可聚也

一圍之木持千鈞之屋五寸之鍵而制開闔豈材足任哉蓋所居要也

夫小快害義小慧害道小辨害治苟心傷德大政不險蛟龍雖神不能以白日去其倫飄風雖疾不能以陰雨揚其塵

邑名勝母曾子不入水名盜泉孔子不飲醜其
聲也
婦人之口可以出走婦人之喙可以死敗
不修其身求之於人是謂失倫不治其內而修
其外是謂大廢重載而危之操策而隨之非所
以為全也
士橫道而偃四支不掩非士之過有土之羞也
邦君將昌天遺其道大夫將昌天遺之士庶人
將昌必有良子

賢師良友在其側詩書禮樂陳於前棄而爲不善者鮮矣義士不欺心仁人不害主謀泄則無功計不設則事不成賢士不事所非不非所事愚者行間而益固鄙人飾詐而益野聲無細而不聞行無隱而不明至神無不化也至賢無不移也上不信下不忠上下不和雖安必危求以其道則無不得爲以其時則無不成

時不至不可強生也事不究不可強成也貞良而亡先人餘殃猖蹶而活先人餘烈權取重澤

取長才賢任輕則有名不肖任大身死名廢
士不以利移不爲患改孝敬忠信之事立雖死
而不悔智而用私不加愚而用公故曰巧僞不
如拙誠學問不倦所以治巳也教誨不厭所以
治人也所以貴虛無者得以應變而合時也冠
雖故必加於首履雖新必關於足上下有分不
可相倍一心可以事百君百心不可以事一君
故曰正而心又少而言
萬物得其本者生百事得其道者成道之所在

天下歸之德之所在天下貴之仁之所在天下愛之義之所在天下畏之屋漏者民去之水淺者魚逃之樹高者鳥宿之德厚者士趨之有禮者民畏之忠信者士死之衣雖弊行必脩頭雖亂言必治時在應之爲在因之所伐而當其福五之所伐不當其禍十之

必貴以賤爲本必高以下爲基天將興之必先苦之天將毀之必先累之孝於父母信於交友十步之澤必有香草十室之邑必有忠士草木

秋死松栢獨在水浮萬物玉石留止飢渴得食
誰能不喜賑窮救急何患無有視其所以觀其
所使斯可知已乘輿馬不勞致千里乘船楫不
游絶江海智莫大於闕疑行莫大於無悔也制
宅名子足以觀士利不兼賞不倍忽忽之謀不
可爲也惕惕之心不可長也
天與不取反受其咎時至不迎反受其殃天地
無親常與善人天道有常不爲堯存不爲桀亡
積善之家必有餘慶積惡之家必有餘殃一噎

之故絶穀不食一蹶之故却足不行心如天地
者明行如繩墨者章
位高道大者從事大道小者凶言疑者無犯行
疑者無從蠢蝝仆柱梁蚑蚤走牛羊
謁問析辭勿應怪言虛説勿稱謀先事則昌事
先謀則亡
無以淫泆棄業無以貧賤自輕無以所好害身
無以嗜欲妨生無以奢侈爲名無以貴富驕盈
喜怒不當是謂不明暴虐不得反受其賊怨生

不報禍生於福
一言而非四馬不能追一言不急四馬不能及
順風而飛以助氣力銜葭而翔以備矰弋
鏡以精明美惡自服衡平無私輕重自得蓬生
枲中不扶自直白砂入泥與之皆黑
時乎時乎間不及謀至時之極間不容息勞而
不休亦將自息有而不施亦將自得
無不爲者無不能成也無不欲者無不能得也
衆正之積福無不及也衆邪之積禍無不逮也

力勝貧謹勝禍慎勝害戒勝災爲善者天報以德爲不善者天報以禍君子得時如水小人得時如火

謗道已者心之罪也尊賢已者心之力也心之得萬物不足爲也心之失獨心不能守也子不孝非吾子也交不信非吾友也食其口而百節肥灌其本而枝葉茂本傷者枝槁根深者末厚爲善者得道爲惡者失道惡語不出口苟言不留耳務僞不長喜虛不久義士不欺心廉士不

妾敢以財爲草以身爲寶慈仁少小恭敬耆老
犬吠不驚命曰金城常避危殆命曰不悔富必
念貧壯必念老年雖幼少慮之必早夫有禮者
相爲死無禮者亦相爲死貴不與驕期驕自來
驕不與亡期亡自至踦人日夜願一起盲人不
忘視知者始於悟終於諧愚者始於樂終於哀
高山仰止景行行止力雖不能心必務爲慎終
如始常以爲戒戰戰慄慄日慎其事聖人之正
莫如安靜賢者之治故與衆異

好稱人惡人亦道其惡好憎人者而爲人所憎

衣食足知榮辱倉廩實知禮節江河之溢不過

三日飄風暴雨須臾而畢

福生於微禍生於忽日夜恐懼惟恐不卒

已雕已琢還反於樸物之相反復歸於本循流

而下易以至倍風而馳易以遠兵不豫定無以

待敵計不先慮無以應卒中不方名不章外不

圜禍之門

直而不能枉不可與大任方而不能圜不可與

長存慎之於身無曰云云狂夫之言聖人擇焉
能忍恥者安能忠孝者存貧士而幽寒河水崩
其壞在山毒智者莫甚於酒色事孝莫甚於樂
毀廉者莫甚於色權剛者反己於弱富在知足
貴在求退先憂事者後樂先傲事者後憂福在
受諫存之所由也恭敬遜讓精廉無謗慈仁愛
人必受其賞諫之不聽後無與爭舉事不當爲
百姓謗悔在於妄患在於先唱
蒲且脩繳鳧鴈悲鳴逢蒙撫弓虎豹晨嗥河以

委蛇故能遠山以凌遲故能高道以優遊故能
化德以純厚故能豪言人之善擇於膏沐言人
之惡痛於矛戟爲善不直必終其曲爲醜不釋
必終其惡一死一生乃知交情一貧一富乃知
交態一貴一賤交情乃見一浮一沒交情乃出
德義在前用兵在後初沐者必拭冠新浴者必
振衣敗軍之將不可言勇亡國之臣不可言智
坎井無黿鼉者隘也園中無脩林者小也小忠
大忠之賊也小利大利之殘也自請絕易請人

絕難水激則悍矢激則遠人激於名不毀爲聲

下士得官以死上士得官以生禍福非從地中

出非從天上來已自生之

窮鄉多曲學小辯害大知巧言使信廢小惠妨

大義不困在於早慮不窮在於早豫欲人勿知

莫若勿爲欲人勿聞莫如勿言

非所言勿言以避其患非所爲勿爲以避其危

非所取勿取以避其詭非所爭勿爭以避其聲

明者視於冥冥謀於未形聰者聽於無聲慮者

戒於奉成世之溷濁而我獨清衆人皆醉而我獨醒

乖離之咎無不生也毀敗之端從此興也江河大瀆從蟻穴山以小陁而大崩淫乱之漸其變爲興水火金木轉相勝畢而正者可增高而倚者且崩直如矢者死直如繩者稱

禍生於欲得福生於自禁聖人以心導耳目小人以耳目導心

爲人上者患在不明爲人下者患在不患人知

糞田莫如糞心端身正行全以至今見亡知存

見霜知冰

廣大在好利恭敬在事親因時易以爲仁因道

易以達人營於利者多患輕諾者寡信

欲賢者莫如下人貪財者莫如全身財不如義

高勢不如德尊父不能愛無益之子君不能愛

不軌之民君不能賞無功之臣臣不能死無德

之君問善御者莫如馬問善治者莫如民以卑

爲尊以屈爲伸聖人所因上法於天

君子行德以全其身小人行貪以亡其身相勸
以禮相強以仁得道於身得譽於人
知命者不怨天知己者不怨人人而不愛則不
能仁佞而不巧則不能信言善毋及身言惡毋
及人上清而無欲則下正而民樸來事可追也
往事不可及無思慮之心則不達無談說之辭
則不樂
善不可以偽來惡不可以辭去近市無賈在田
無野善不逆旅非仁義剛武無以定天下

水倍源則川竭人倍信則名不達義勝患則吉
患勝義則滅五聖之謀不如逢時辯智明慧不
如遇世有鄙心者不可授便勢有愚質者不可
予利器多易多敗多言多失
冠履不同藏賢不肖不同位官尊者憂深祿多
者責大積德無細積怨無大多少必報固其勢也
梟逢鳩鳩曰子將安之梟曰我將東徙鳩曰何
故梟曰鄉人皆惡我鳴以故東徙鳩曰子能更
鳴可矣不能更鳴東徙猶惡子之聲

聖人之衣也便於身以安身其食也安於腹適衣節食不聽口目

曾子曰鷹鶽以山爲卑而增巢其上黿鼉魚鼈以淵爲淺而穿穴其中卒其所以得者餌也君子苟不求利祿則不害其身

曾子曰狎甚則相簡也莊甚則不親是故君子之狎足以交懽莊足以成禮而已

曾子曰入是國也言信乎群臣則留可也忠行乎群臣則仕可也澤施乎百姓則安可也

口者關也舌者機也出言不當四馬不能追也
口者關也舌者兵也出言不當反自傷也言出
於己不可止於人行發於邇不可止於遠夫言
行者君子之樞機樞機之發榮辱之本也可不
慎乎故蒯子羽曰言猶射也栝既離弦雖有所
悔焉不可從而追已詩曰白珪之玷尚可磨也
斯言之玷不可為也
蠋欲類蠶鱓欲類蛇人見蛇蠋莫不身洒然女
工脩蠶漁者持鱓不惡何也欲得錢也逐魚者

濡逐獸者趨非樂之也[言]爭之權也
登高使人欲望臨淵使人欲窺何也處地然也
御者使人恭射者使人端何也其形便也
民有五死聖人能去其三不能除其二饑渴死
者可去也凍寒死者可去也罹五兵死者可去
也壽命死者不可去也癰疽死者不可去也饑
渴死者中不充也凍寒死者外勝中也罹五兵
死者德不忠也壽命死者歲數終也癰疽死者
血氣窮也故曰中不正外淫作外淫作者多怨

怪多怨怪者疾病生故清静無爲血氣乃平
百行之本一言也一言而適可以却敵一言而
得可以保國響不能獨爲聲影不能倍曲爲直
物必以其類及故君子慎言出己負石赴淵行
之難者也然申屠狄爲之君子不貴之也盜跖
凶貪名如日月與舜禹並傳而不息而君子不貴
君子有五耻朝不坐燕不議君子耻之居其位
無其言君子耻之有其言無其行君子耻之既
得之又失之君子耻之地有餘而民不足君子

之

子雖窮不處亡國之勢雖貧不受亂君之祿

乎亂世同乎暴君君子之恥也衆人以毀形

恥君子以毀義爲辱衆人重利廉士重名

君之制賞從重罰從輕食人以壯爲量事人

老爲程

才之言寡而實小人之言多而虛君子之學

入於耳藏於心行之以身君子之治也始於

疋見終於不可及也君子慮福弗及慮禍百

君子擇人而取不擇人而與君子實如虛有

無

君子有其備則無事君子不以愧食不以辱得

君子樂得其志小人樂得其事君子不以其所

愛及其所愛也

君子有終身之憂而無一朝之患順道而行循

而言喜不加易怒不加難

君子之過猶日月之蝕也何害於明小人可也

猶狗之吠盜狸之夜見何益於善夫智者不妄

爲勇者不亡衆殺

君子比義農夫比穀事君不得進其言則辭其

爵不得行其義則辭其祿人亦皆知取之爲取也

不知與之爲取之政有招寇行有招恥弗爲而

自至天下未有猛獸狐疑不若蜂蠆之致毒也

高議而不可及不若卑論之有功也

秦信同姓以王至其衰也非易同姓也而身死

國亡故王者之治天下在於行法不在於信同姓

高山之巔無美木傷於多陽也大樹之下無美

草傷於多陰也

鍾子期死而伯牙絶絃破琴知世莫可爲鼓也惠施卒而莊子深瞑不言見世莫可與語也

脩身者智之府也愛施者仁之端也取予者義之符也恥辱者勇之決也立名者行之極也

進賢受上賞蔽賢蒙顯戮古之通義也爵人於朝論人於市古之通法也

道微而明淡而有功非道而得非時而生是謂妄成得而失之定而復傾

而民不去散矣

使能而刖賤爲人君能行此三者其國必强大守其民乃能長久夫節以而聽諫敬賢而勿慢可雖夫重舍同雖必事其功效君子以師言發念爾爲不可重兩大不可舍詞勢不可同兩壹負不子留精神謹心於三者吉祥及子孫矣

按無心其服德無忘其報見利必念言身敗辟事無終始而患不及者未之聞也

福者禍之門也曰君者非之尊也治者亂之兆也

默無過言慤無過事木馬不能行亦不費食騏驥日馳千里鞭箠不去其背

寸而度之至丈必差銖而稱之至石必過石稱丈量徑而寡失簡絲數米煩而不察故大較易爲智曲辯難爲慧

吞舟之魚蕩而失水制於螻蟻者離其居也猿狖失木而禽於狐貉者非其處也騰蛇遊霧而升騰龍乘雲而舉猿得木而捷魚得水而騖處地宜也

君子博學患其不習既習之患其不能行之既能行之患其不能以讓也

君子不羞學不羞問問訊者知之本念慮者知之道也此言貴因人知而加知之不貴獨自用其知而知之

天地之道極則反滿則損五采曜眼有時而渝茂木豐草有時而落物有盛衰安得自若

民苦則不仁勞則詐生安平則教危則謀極則反滿則損故君子弗滿弗極也

說苑卷第十六

（漢）劉向 撰

宋本說苑

第三册

國家圖書館出版社

第三册目録

說苑卷第八

鴻嘉四年三月己亥護左都水使者光祿大夫劉向上

尊賢

人君之欲平治天下而垂榮名者必尊賢而下士易曰自上下下其道大光又曰以貴下賤大得民也夫明王之施德而下下也將懷遠而致近也大朝無賢人猶鴻鵠之無羽翼也雖有千里之望猶不能致其意之所欲至矣是故游江海者託於船致遠道者託於乘欲霸王者託於

賢伊尹呂尚管夷吾百里奚此霸王之船乘也
釋父兄與子孫非疏之也任庖人釣屠與仇讎
僕虜非阿之也持社稷立功名之道不得不然
也猶大匠之爲宫室也量小大而知材木矣比
功校而知人數矣是故呂尚聘而天下知商將
亡而周之王也管夷吾百里奚任而天下知齊
秦之必霸也豈特船乘哉夫成王霸固有人亡
國破家亦固有人桀用千莘紂用惡來宋用唐
鞅齊用蘇秦秦用趙高而天下知其亡也非其

人而欲有功譬其若夏至之日而欲夜之長也射魚指天而欲發之當也雖舜禹猶亦困而又况乎俗主哉

春秋之時天子微弱諸侯力政皆叛不朝衆暴寡強劫弱南夷與北狄交侵中國之不絕若綫桓公於是用管仲鮑叔隰朋賓胥無甯戚三存亡國一繼絕世救中國攘戎狄卒脅荆蠻以尊周室霸諸侯晉文公用咎犯先軫陽處父強中國敗強楚合諸侯朝天子以顯周室楚莊王用

孫叔敖司馬子反將軍子重征陳從鄭敗強晉
無敵於天下秦穆公用百里子蹇叔子王子廖
及由余據有雍州攘敗西戎吳用延州來季子
并冀州揚威子鷄父鄭僖公富有千乘之國貴
為諸侯治義不順人心而取弑於臣者不先得
賢也至簡公用子產裨諶也叔行人子羽賊臣
除正臣進去強楚合中國國家安寧二十餘年
無強楚之患故虞有宮之奇晉獻公為之終夜
不寐楚有子玉得臣文公為之側席而坐遠乎

賢者之厭難折衝也大宋 襄公不用公子目
夷之言大辱於楚曹不用僖負羈之諫敗死於
戎故共維五始之要治亂之端在乎審已而任賢
也國家之任賢而吉任不肖而凶案往而親
已事其必然也如合符此爲人君者不可以不
慎也國家惛亂而良臣見魯國大亂季友之
賢見僖公即位而任季子魯國安寧外內無
憂 行政二十一年季子之卒後邾擊其南齊伐其
北魯不勝其忧將乞師於楚以取全耳（或作身）故傳曰

患之起必自此始也公子買不可使戍衛公子遂
不聽君命而擅之晉內侵於臣下外困於兵亂
弱之患也僖公之性非前二十一年常賢而後乃
漸變為不肖也此季子存之所益亡之所損
也夫得賢失賢其損益之驗如此而人主忽於所
用甚可疾痛也夫智不足以見賢無何矣何
矣若智能見之而強不能決猶豫不用而大者死
亡小者亂傾此甚可悲哀也以宋殤公不知孔
父之賢乎安知孔父死已必趨死而救之

趨而救之者是知其賢也以魯莊公不知季子之賢乎安知疾將死召季子而授之國政授之國政者是知其賢也此二君知能見賢而皆不能用故宋殤公以殺死魯莊公以賊嗣使宋殤蚤任孔父魯莊素用季子乃將靖隣國而況自存乎

鄧子說梁王曰伊尹故有莘氏之勝臣也湯立以爲三公天下之治太平管仲故成陰之狗盗也天下之庸夫也齊桓公得之爲仲父百里奚

道之於路傳賣五羊之皮秦穆公季之以政
甯戚故將車人也叩轅行歌於康之衢桓公任
以國司馬喜髕脚於宋而卒相中山范雎折脅
拉齒於魏而後爲應侯太公望故老婦之出夫
也朝歌之屠佐也棘津迎客之舍人也年也
十而相周九十而封齊故詩曰緜緜之葛在於
曠野良工得之以爲絺紵良工不得枯死於
野此七士者不遇明君聖主幾行乞丐枯死
於中野譬猶緜緜之葛矣

眉睫之微接而形乎色聲音之風感而動乎心
甯戚擊牛角而商歌桓公聞而舉之鮑龍跪石
而登嶂孔子爲之下車堯舜相是不違桒陰文
王舉大公不以日久故賢聖之接也不待久而
親能者之相見也不待試而知矣故士之接也
非必舉之臨財分貨乃知其廉也非必與之犯
難涉危乃知其勇也舉事決斷是以知其勇也
取與有讓是以知其廉也故見虎之尾而知其
大於貍也見象之牙而知其大於牛也一節見

則百節知矣由此觀之以所見可以占未發

小節固足知大體矣

禹以夏王桀以夏亡湯以殷王紂以殷亡闔廬

以吳戰勝無敵於天下而夫差以見禽於越文

公以晉國霸而厲公以見弑於匠麗之宮威王

以齊強於天下而湣王以弑死於廟梁穆公以

秦顯名尊號而二世以劫於望夷其所以君王

者同而功迹不等者所任異也是故成王處襁

褓而朝諸侯周公用事也趙武靈王年五十而

餓於沙丘任李兊故也桓公得管仲九合諸侯
一匡天下失管仲任豎刁易牙而死不葬爲天
下咲一人之身榮辱俱施焉在所任也故魏有
公子無忌削地復得趙任藺相如秦兵不敢出
鄢陵任唐雎國獨特立楚有申包胥而昭主反
位齊有田單襄王得國由此觀之國無賢佐俊
士而能以成功立名安危繼絶者未嘗有也故
國不務大而務得民心佐不務多而務得賢俊
得民心者民往之有賢佐者士歸之文王請除

炮烙之刑而殷民從湯去張網之三面而夏民從越王不隳舊冢而吴人服以其所爲之順於民心也故聲同則處異而相應德合則未見而相親賢者立於本朝則天下之豪相率而趨之矣何以知其然也曰管仲桓公之賊也鮑叔以爲賢於己而進之爲相七十言而説乃聽遂使桓公除報讎之心而委國政焉桓公垂拱無事而朝諸侯鮑叔之力也管仲之所以能北走桓公無自危之心者同聲於鮑叔也紂殺王子比

干箕子被髮而佯狂陳靈公殺泄冶而鄧元去陳自是之後殷兼於周陳亡於楚以其殺比干泄冶而失箕子與鄧元也燕昭王得郭隗而鄒衍樂毅以齊趙至蘇子屈景以周楚至於是舉兵而攻齊棲閔王於莒燕校地計衆非與齊鈞也然所以能信意至於此者由得士也故無常安之國無恒治之民得賢者則安昌失之者則危亡自古及今未有不然者也明鏡所以照形也往古所以知今也夫知惡往古之所以危亡

而不務襲迹於其所以安昌則未有異乎却走而求逮前人也太公知之故舉微子之後而封比干之墓夫聖人之於死尚如是其厚也況當世而生存者乎則其弗失可識矣

齊景公問於孔子曰秦穆公其國小處僻而霸何也對曰其國小而志大雖處僻而其政中其舉果其謀和其令不偷親舉五羖大夫於係縲之中與之語三日而授之政以此取之雖王可也霸則小矣

或曰將謂桓公仁義乎殺兄而立善仁義也將謂桓公恭儉乎與婦人同輿馳於邑中非恭儉也將謂桓公清潔乎閨門之内無可嫁者非清潔也此三者亡國失君之行也然而桓公兼有之以得管仲隰朋九合諸侯一匡天下畢朝周室爲五霸長以其得賢佐也失管仲隰朋任豎刁易牙身死不葬蟲流出戶一人之身榮辱俱施者何者其所任異也由此觀之則亡佐急矣周公旦白屋之士所下所下者七十人而天下之士

皆至晏子所與同交食者百人而天下之士亦
至仲尼脩道行理文章而天下之士亦至矣伯
牙子鼓琴鍾子期聽之方鼓而志在太山鍾
子期曰善哉乎鼓琴巍巍乎若太山少選之間
而志在流水鍾子期復曰善哉乎鼓琴湯湯乎若
流水鍾子期死伯牙破琴絶絃終身不復鼓琴以
爲世無足爲鼓琴者非獨鼓琴若此也賢者
亦然雖有賢者而無以接之賢者奚由盡
忠哉驥不自至千里者待伯樂而後至

周威公問於寗子曰取士有道乎對曰有窮者達之亡者存之廢者起之四方之士則四面而至矣窮者不達亡者不存廢者不起四方之士則四面而畔矣夫城固不能自守兵利不能自保得士而失之必有其閒夫士存則君尊士則君卑周威公曰士壹至如此乎對曰君不聞夫楚平王有士曰楚傒胥丘負客王將殺之出亡之晉晉人用之是爲城濮之戰又有士曰苗賁皇王將殺之出亡走晉晉人用之是爲鄢陵

之戰又有士曰上解于主將殺之出亡走晉晉
人用之是爲兩堂之戰又有士曰伍子胥王殺
其父兄出亡走吴闔閭用之於是興師而襲郢
故楚之大得罪於梁鄭宋衞之君猶未遽至于
此也此四得罪於其士三暴其民骨一亡其國
由是觀之士存則國存士亡則國亡子胥怒而
亡之申包胥怒而存之士胡可無貴乎
哀公問於孔子曰人何若而可取也孔子對曰
毋取拑者毋取健者毋取口銳者哀公曰何謂

也孔子曰拑者大給利不可盡用健者必欲兼
人不可以爲法也口銳者多誕而寡信後恐不
驗也夫弓矢和調而後求其中焉馬慤愿順然
後求其良材焉人必忠信重厚然後求其知能
焉今人有不忠信重厚而多知能如此人者譬
猶豺狼與不可以身近也是故先其仁信之誠
者然後親之於是有知能者然後任之故曰親
仁而使能夫取人之術也觀其言而察其行夫
言者所以抒其匈而發其情者也能行之士必

能言之是故先觀其言而揆其行夫以言揆其
行雖有姦軌之人無以逃其情矣哀公曰善
周公攝天子位七年布衣之士執贄所師見者
十二人窮巷白屋所先見者四十九人時進善
者百人教士者千人官朝者萬人當此之時誠
使周公驕而且恡則天下賢士至者寡矣苟有
至者則必貪而尸禄者也尸禄之臣不能存君矣
齊桓公設庭燎爲士之欲造見者朞年而士不
至於是東野鄙人有以九九之術見者桓公曰

九九何足以見乎鄙人對曰臣非以九九爲足以見也臣聞主君設庭燎以待士朞年而士不至夫士之所以不至者君天下賢君也四方之士皆自以論而不及君故不至也夫九九薄能耳而君猶禮之況賢於九九乎夫太山不辭壤石江海不逆小流所以成大也詩云先民有言詢于芻蕘言慱謀也桓公曰善乃因禮之朞月四方之士相攜而並至詩曰自堂徂基自羊徂牛言以內及外以小及大也

齊景公伐宋至于岐隄之上登高以望太息而歎曰昔我先君桓公長轂八百乘以霸諸侯今我長轂三千乘而不敢久處於此者豈其無管仲歟弦章對曰臣聞之水廣則魚大君明則臣忠昔有桓公故有管仲令桓公在此則車下之臣盡管仲也

趙簡子游於河而樂之歎曰安得賢士而與處焉舟人古乘跪而對曰夫珠玉無足去此數千里而所以能來者人好之也今士有足而不來

者此是吾君不好之乎趙簡子曰吾門左右客

千人朝食不足暮收市征暮食不足朝收市征

吾尚可謂不好士乎舟人古乘對曰鴻鵠高飛

遠翔其所恃者六翮也背上之毛腹下之毳無

尺寸之數去之滿把飛不能爲之益卑益之滿

把飛不能爲之益高不知門下左右客千人者

有六翮之用乎將盡毛毳也

齊宣王坐淳于髡侍宣王曰先生論寡人何好

淳于髡曰古者所好四而王所好三焉宣王曰

古者所好何與寡人所好淳于髡曰古者好馬
王亦好馬古者好味王亦好味古者好色王亦
好色古者好士王獨不好士宣王曰國無士耳
有則寡人亦說之矣淳于髡曰古者驊騮騏驥
今無有王選於衆王好馬矣古者有豹象之胎
今無有王選於衆王好味矣古者有毛嗇西施
今無有王選於衆王好色矣王必將待堯舜禹
湯之士而後好則堯舜禹湯之士亦不好王矣宣
王嘿然無以應

衛君問於田讓曰寡人封侯盡千里之地賞賜
盡御府繒帛而士不至何也田讓對曰君之賞
賜不可以功及也君之誅罰不可以理避也猶
舉杖而呼狗張弓而祝雞矣雖有香餌而不能
致者害之必也
宗衛相齊遇逐罷歸舍召門尉田饒等二十有
七人而問焉曰士大夫誰能與我赴諸侯者乎
田饒等皆伏而不對宗衛曰何士大夫之易得
而難用也饒對曰非士大夫之難用也是君不

能用也宗衞曰不能用士大夫何若田饒對曰厨中有臭肉則門下無死士今夫三外之稷不足於士而君鴈鶩有餘粟紈素綺繡靡麗堂楯從風雨弊而士曾不得以緣衣果園梨粟後宮婦人擴以相擿而士曾不得一嘗且夫財者君之所輕也死者士之所重也君不能用所輕之財而欲使士致所重之死豈不難乎哉於是宗衞面有慚色逡巡避席而謝曰此衞之過也

魯哀公問於孔子曰當今之時君子誰賢對曰

衛靈公公曰吾聞之其閨門之内姑姊妹無别
對曰臣觀於朝廷未觀於堂陛之閒也靈公之
弟曰公子渠牟其知足以治千乘之國其信足
以守之而靈公愛之又有士曰王林國有賢人
必進而任之無不達也不能達退而與分其禄
而靈公尊之又有士曰慶足國有大事則進而
治之無不濟也而靈公説之史鰌去衛靈公邸
舍三月琴瑟不御待史鰌之入也而後入臣是
以知其賢也

介子推行年十五而相荆仲尼聞之使人往視還曰廊下有二十五俊士堂上有二十五老人仲尼曰合二十五人之智智於湯武并二十五人之力力於彭祖以治天下其固免矣乎

孔子閒居喟然而嘆曰銅鞮伯華而無死天下其有定矣子路曰願聞其爲人也何若孔子曰其幼也敏而好學其壯也有勇而不屈其老也有道而能以下人子路曰其幼也敏而好學則可其壯也有勇而不屈則可夫有道又誰下哉

孔子曰由不知也吾聞之以衆攻寡而無不消
也以貴下賤無不得也昔者周公旦制天下之
政而下士七十人豈無道哉欲得士之故也夫
有道而能下於天下之士君子乎哉
魏文侯從中山奔命安邑田子方後太子擊遇
之下車而趨子方坐乘如故告太子曰為我請
君待我朝譎太子不說因謂子方曰不識貧窮
者驕人富貴者驕人乎子方曰貧窮者驕人富
貴者安敢驕人人主驕人而亡其國吾未見以

國待亡者也大夫驕人而亡其家吾未見以家
待亡者也貧窮者若不得意納履而去安往不
得貧窮乎貧窮者驕人富貴者安敢驕人太子
父文侯道田子方之語文侯歎曰微吾子之故
君安得聞賢人之言吾不子方以行得而友之
自吾友子方也君臣益親百姓益附吾是以得
友士之功我欲伐中山吾以武下樂羊三年而
中山爲獻於我我是以得有武之功吾所以不
少進於此者吾未見以智驕我者也若得以智

驕我者豈不及古之人乎

晉文侯行地登隧大夫皆扶之隨會不扶文侯曰會夫爲人臣而忍其君者其罪奚如對曰其罪重死文侯曰何謂重死對曰身死妻子爲戮焉隨會曰君奚獨問爲人臣忍其君者而不問爲人君而忍其臣者邪文侯曰爲人君而忍其臣者其罪何如隨會對曰爲人君而忍其臣者智士不爲謀辯士不爲言仁士不爲行勇士不爲死文侯援綏下車辭大夫曰寡人有腰髀之

病願諸大夫勿罪也

齊將軍田瞶出將張生郊送曰昔者堯讓許由以天下洗耳而不受將軍知之乎曰唯然知之伯夷叔齊辭諸侯之位而不爲將軍知之乎曰唯然知之於陵仲子辭三公之位而傭爲人灌園將軍知之乎曰唯然知之智過去君弟變姓名免為庶人將軍知之乎曰唯然知之孫叔敖三去相而不悔將軍知之乎曰唯然知之此五大夫者名辭之而實羞之令將軍方吞一國之

權提鼓擁旗被堅執鋭旋回十萬之師擅斧鉞之誅慎毋以士之所羞者驕士由贊曰今日諸君皆為贊祖道具酒脯而先生獨教之以聖人之大道謹聞命矣

魏文侯見段干木立倦而不敢息及見翟黄踞堂而與之言翟黄不説文侯曰段干木官之則不肯禄之則不受今汝欲官則相至欲禄則止卿既受吾賞又責吾禮毋乃難乎

孔子之郯遭程子於塗傾蓋而語終日有間顧

子路曰取束帛一以贈先生子路不對有閒又
顧曰取束帛一以贈先生子路屑然對曰由聞
之也士不中而見女無媒而嫁君子不行也孔
子曰由詩不云乎野有蔓草零露漙兮有美一
人清陽婉兮邂逅相遇適我願兮今程子天下
之賢士也於是不贈終身不見大德毋踰閑小
德出入可也

齊桓公使管仲治國管仲對曰賤不能臨貴桓
公以為上卿而國不治桓公曰何故管仲對曰

貧不能使富桓公賜之齊國市租一年而國不

治桓公曰何故對曰踈不能制親桓公立以為

仲父齊國大安而遂霸天下孔子曰管仲之賢

不得此三權者亦不能使其君南面而霸矣

桓公問於管仲曰吾欲使爵腐於酒肉腐於俎

得毋害於霸乎管仲對曰此極非其貴者耳然

亦無害於霸也桓公曰何如而害霸管仲對曰

不知賢害霸知而不用害霸用而不任害霸任

而不信害霸信而復使小人參之害霸桓公曰善

魯人攻鄪曾子辭於鄪君曰諸出冠罷而後復來請姑毋使狗豕入吾舍鄪君曰寡人之於先生也人無不聞今魯人攻我而先生去我我胡守先生之舍魯人果攻鄪而數之罪子而曾子之所爭者九魯師罷鄪君復脩曾子舍而後迎之

宋司城子罕之貴子韋也入與共食出與同衣司城子罕亡子韋不從子罕來復召子韋而貴之左右曰君之善子韋也君亡不從來又復貴之君獨不愧於君之忠臣乎子罕曰吾唯不能

用子韋故至於亡今吾之得復也尚是子韋之
遺德餘教也吾故貴之且我之亡也吾臣之削
迹拔樹以從我者奚益於吾亡哉
楊因見趙簡主曰臣　三逐事君五去聞君
好士故走來見簡　絶食而難恖而行左
右進諫曰居鄉三逐是不容衆也事君五去是
不忠上也今君有士見過八矣簡主曰子不知
也夫美女者醜婦之仇也盛德之士亂世所疏
也正直之行邪枉所憎也遂出見之因授以為

相而國大治由是觀之遠近之人不可以不察也

應侯與賈于子坐聞其鼓琴之聲應侯曰今日

之琴一何張也賈于子曰夫張急調下故使之

悲耳為張者良材也調下者官卑也取夫良材

而卑官之安能無悲乎應侯曰善哉

十三年諸侯舉兵以伐齊齊王聞之惕然而恐

召其群臣大夫告曰有智為寡人用之於是博

士淳于髡仰天大笑而不應王復問之又大笑

不應三問三笑不應王艴然作色不悅曰先生

以寡人語為戲乎對曰臣非敢以大王語為戲
也臣笑臣鄰之祠田也以一奩飯一壺酒三鮒
魚祝曰蟹堁者宜禾洿邪者百車傳之後世洋
洋有餘臣笑其賜鬼薄而請之厚也於是王乃
立淳于髡為上卿賜之千金革車百乘與平諸
侯之事諸侯聞之立罷其兵休其士卒遂不敢
攻齊此非淳于髡之力乎
田忌去齊奔楚楚王郊迎至舍問曰楚萬乘之
國也齊亦萬乘之國也常欲相并為之奈何對

曰易知耳齊使申孺將則楚發五萬人使上將

軍將之至禽將軍首而反耳齊使田居將則楚

發二十萬人使上將軍將之分別而相去也齊

使眄子將楚發四封之内王自出將而忌從相

國上將軍為左右司馬如是則王僅得存耳於

是齊使申孺將楚發五萬人使上將軍至擒將

軍首反於是齊王忿然乃更使眄子將楚悉發

四封之内王自出將田忌從相國上將軍為左

右司馬益王車屬九乘僅得免耳至舍王北面

正領齊袪問曰先生何知之早也田忌曰申孺爲人侮賢者而輕不肖者賢不肖者俱不爲用是以亡也田居爲人尊賢者而賤不肖者賢者負任不肖者退是以分別而相去也盼子之爲人也尊賢者而愛不肖者賢不肖俱負任是以王僅得存耳

魏文侯觴大夫於曲陽飲酣文侯喟焉歎曰吾獨無豫讓以爲臣蹇重舉酒進曰臣請浮君文侯曰何以對曰臣聞之有命之父母不知孝子

有道之君不知忠臣夫豫讓之君亦何如哉文

侯曰善受浮而飲之嚼而不讓曰無管仲鮑叔

以爲臣故有豫讓之功也

趙簡子曰吾欲得范中行氏之良臣史黶曰安

用之簡子曰良臣人所願也又何問焉曰臣以

爲無良臣故也夫事君者諫過而薦可章善而

替否獻能而進賢朝夕誦善敗而納之聽則進

否則退今范中行氏之良臣也不能匡相其君

使至於難出在於外又不能入亡而棄之何良

之爲若不棄君安得之夫良將營其君使復其位死而後止何回以来若未能乃非良也簡子曰善

子路問於孔子曰治國何如孔子曰在於尊賢而賤不肖子路曰范中行氏尊賢而賤不肖其亡何也曰范中行氏尊賢而不能用也賤不肖而不能去也賢者知其不已用而怨之不肖者知其賤已而讎之賢者怨之不肖者讎之怨讎並前中行氏雖無（一作不）亡得乎

晉荆戰於邲晉師敗績荀林父將歸請死昭公將許之士貞伯曰不可城濮之役晉勝于荆文公猶有憂色曰子玉猶存憂未歇也困獸猶鬪況國相乎及荆殺子玉乃喜曰莫予毒也今天或者大警晉也林父之事君進思盡忠退思補過社稷之衞也今殺之是重荆勝也昭公曰善乃使復將

說苑卷第八

說苑卷第九

鴻嘉四年五月己亥護左都水使者光禄大夫臣劉向上

正諫

易曰王臣蹇蹇匪躬之故人臣之所以蹇蹇爲難而諫其君者非爲身也將欲以匡君之過矯君之失也君有過失者危亡之萌也見君之過失而不諫是輕君之危亡也夫輕君之危亡者忠臣不忍爲也三諫而不用則去不去則身亡身亡者仁人所不爲也是故諫有五一曰正諫二曰降諫三曰忠諫四曰戇諫五曰諷諫孔子曰吾其從諷諫矣乎夫不諫則危君固諫則危

二曰降諫三曰忠諫四曰戇諫五曰諷諫孔子曰吾其從諷諫矣乎夫不諫則危君固諫則危身與其危君寧危身危身而終不用則諫亦無功矣智者度君權時調其緩急而處其宜上不敢危君下不以危身故在國而國不危在身而身不殆昔陳靈公不聽泄治之諫而殺之曹羈三諫曹君不聽而去春秋序義雖俱賢而曹羈合禮

齊景公遊於海上而樂之六月不歸令左右曰

敢有先言歸者致死不赦顏燭趨進諫曰君樂治海二而六月不歸彼儻有治國者君且安得樂此海也景公援戟將斫之顏燭趨進撫衣待之曰君奚不斫也昔者桀殺關龍逢紂殺王子比干君之賢非此二主也臣之材亦非此二子也君奚不斫以臣參此二人者不亦可乎景公說遂歸中道聞國人謀不內矣

楚莊王立爲君三年不聽朝乃令於國曰寡人惡爲人臣而遽諫其君者今寡人有國家立社

稷有諫則死無赦蘇從曰處君之高爵食君之
厚祿愛其死而不諫其君則非忠臣也乃入諫
莊王立鼓鍾之間左伏揚姬右擁越姬左裯衽
右朝服曰吾鍾鼓之不暇何諫之聽蘇從曰臣
聞之好道者多資好樂者多迷好道者多糧好
樂者多亡荆國亡無日矣死臣敢以告王王曰
善左執蘇從手右抽陰刀刎鍾鼓之懸明日授
蘇從爲相

晉平公好樂多其賦斂下治城郭曰敢有諫者

死國人憂之有咎犯者見門大夫曰臣聞主君
好樂故以樂見門大夫入言曰晉人咎犯也欲
以樂見平公曰內之止坐殿上則出鍾磬竽瑟
坐有頃平公曰客子為樂咎犯對曰臣不能爲
樂臣善隱平公曰隱士十二人咎犯曰隱臣竊
顩昧死御平公曰諾咎犯申其左臂而詘五指
平公問於隱官曰占之為何隱官皆曰不知平
公曰歸之咎犯則曰其一指曰是一也便游赭
盡而峻城闕二也柱梁衣繡士民無褐三也侏

儒有餘酒而死亡渴四也民有飢色而馬有粟
秩五也近臣不敢諫遠臣不得達平公曰善乃
屏鍾鼓除竽瑟遂與咎犯參治國
孟嘗君將西入秦賓客諫之百通則不聽也曰
以人事諫我我盡知之若以鬼道諫我我則殺
之謁者入曰有客以鬼道聞曰請客入客曰臣
之來也過於淄水上見一土耦人方與木梗人
語木梗謂土耦人曰子先土也持子以為耦人
遇天大雨水潦並至子必沮壞應曰我沮乃反

吾真耳今子東園之桃也刻子以為梗遇天大
雨水潦並至必浮子泛泛乎不知所止今秦四
塞之國也有虎狼之心恐其有木梗之患於是
孟嘗君逡巡而退而無以應卒不敢西嚮秦
吳王欲伐荊告其左右曰敢有諫者死舍人有
少孺子者欲諫不敢則懷操彈於後園露沾其
衣如是者三旦吳王曰子來何苦沾衣如此對
曰園中有樹其上有蟬蟬高居悲鳴飲露不知
螳蜋在其後也螳蜋委身曲附欲取蟬而不知

黄雀在其傍也黄雀延頸欲啄螳蜋而不知彈丸在其下也此三者皆務欲得其前利而不顧其後之有患也吴王曰善哉乃罷其兵

楚莊王欲伐陽夏師久而不罷群臣欲諫而莫敢莊王獵於雲夢椒舉進諫曰王所以多得獸者馬也而王國亡王之馬豈可得哉莊王曰善不穀知詘强國之可以長諸侯也知得地之可以為富也而忘吾民之不用也明日飲諸大夫酒以椒舉為上客罷陽夏之師

秦始皇帝太后不謹幸郎嫪毒封以爲長信侯爲生兩子毒專國事浸益驕奢與侍中左右貴臣俱博飲酒醉爭言而鬭瞋目大叱曰吾乃皇帝之假父也窶人子何敢乃與我亢所與鬭者走行白皇帝皇帝大怒毒懼誅因作亂戰咸陽宮毒敗始皇乃取毒四支車裂之取其兩弟囊撲殺之取皇太后遷之于萯陽宮一本作我陽下令曰敢以太后事諫者戮而殺之從蒺藜其脊肉幹四支而積之闕下諫而死者二十七人矣齊

客茅焦乃往上謁曰齊客茅焦願上諫皇帝皇
帝使使者出問客得無以太后事諫也茅焦曰
然使者還白曰果以太后事諫皇帝曰走往告
之若不見闕下積死人邪使者問茅焦茅焦曰
臣聞之天有二十八宿今死者已有二十七人
矣臣所以來者欲滿其數耳臣非畏死人也走
入白之茅焦邑子同食者盡負其衣物行亡使
者入白之皇帝大怒曰是子故來犯吾禁趣炊
鑊湯煑之是安得積闕下乎趣召之入皇帝桉

劒而坐口正沫出使者召之入茅焦不肯疾行
足趣相過耳使者趣之茅焦曰臣至前則死矣
君獨不能忍吾須臾乎使者極哀之茅焦至前
再拜謁起稱曰臣聞之夫有生者不諱死有國
者不諱亡諱死者不可以得生諱亡者不可以
得存死生存亡聖主所欲急聞也不審陛下欲
聞之不皇帝曰何謂也茅焦對曰陛下有狂悖
之行陛下不自知邪皇帝曰何等也願聞之茅
焦對曰陛下車裂假父有嫉妬之心囊撲兩弟

有不慈之名遷母萯陽宮有下孝之行從蒺蔾
於諫士有桀紂之治今天下聞之盡瓦解無嚮
秦者臣竊恐秦亡爲陛下危之所言已畢乞行
就質乃解衣伏質皇帝不殺左手接之右子麾
左右曰赦之先生就衣今願受事乃立焦爲仲
父爵之爲上卿皇帝立駕千乘萬騎空左方自
行迎太后萯陽宮歸於咸陽太后大喜乃大置
酒待茅焦及飲太后曰抗枉令直使敗更成安
秦之社稷使妾母子復得相會者盡茅君之

力也

楚莊王築層臺延石千里延壤百里士有反三月之糧者大臣諫者七十二人皆死矣有諸御己者違楚百里而耕謂其耦曰吾將入見於王其耦曰以身乎吾聞之説人主者皆閒暇之人也然且至而死矣今子特草茅之人耳諸御己曰若與予同耕則比力也至於説人主不與子比智矣委其耕而入見莊王莊王謂之曰諸御己來汝將諫邪諸御己曰君有義之用有法之

行且已聞之士負水者平木負繩者正君受諫
者聖君築層臺延石千里延壤百里民之釁咎
血成於通塗然且未敢諫也已何敢諫乎顧臣
愚竊聞昔者虞不用宮之奇而晉并之陳不用
子家羈而楚并之曹不用僖負羈而宋并之萊
不用子猛而齊并之吳不用子胥而越并之秦
人不用蹇叔之言而秦國危桀殺關龍逢而湯
得之紂殺王子比干而武王得之宣王殺杜伯
而周室卑此三天子六諸侯皆不能尊賢用辯

士之言故身死而國亡遂趨而出楚王遽而追
之曰已子反矣吾將用子之諫先日說寡人者
其說也不足以動寡人之心又危一作色加諸寡人故
皆至而死今子之說足以動寡人之心又不
危加諸寡人故吾將用子之諫明日令曰有
能入諫者吾將與爲兄弟遂解層臺而罷民
楚人歌之曰薪乎萊乎無諸御已訖無子乎
萊乎薪乎無諸御已訖無人乎齊桓公謂鮑
叔曰寡人欲鑄大鍾昭寡人之名焉寡人之

行豈避堯舜哉鮑叔曰敢問君之行桓公曰
昔者吾圍譚三年得而不自與者仁也吾北
伐孤竹剗令支而反者武也吾爲葵丘之會
以偃天下之兵者文也諸侯抱美王而朝者九
國寡人不受者義也然則文武仁義寡人盡有
之矣寡人之行豈避堯舜哉鮑叔曰君直言臣
直對昔者公子糺在上位而不讓非仁也背太
公之言而侵魯境非義也壇場之上詘於一劒
非武也姪娣不離懷衽非文也凡爲不善遍於

物不自知者無天禍必有人害天處甚高其聽
甚下除君過言天且聞之桓公曰寡人有過乎
幸記之是社稷之福也子不幸教幾有太罪以
辱社稷

楚昭王欲之荆臺游司馬子綦進諫曰荆臺之
游左洞庭之陂右彭蠡之水南望獵山下臨方
淮其樂使人遺老而忘死人君游者盡以亡其
國願大王勿往遊焉王曰荆臺乃吾地也有地
而游之子何爲絶我游乎怒而擊之於是令尹

子西駕安車四馬經於殿下曰今日荊臺之遊
不可不觀也王登車而拊其背曰荊臺之遊與
子共樂之矣步馬十里引轡而止曰臣不敢下
車願得有道大王肯聽之乎王曰第言之令尹
子西曰臣聞之爲人臣而忠其君者爵祿不足
以賞也爲人臣而諛其君者刑罰不足以誅也
若司馬子綦者忠臣也若臣者諛臣也願大王
殺臣之軀罰臣之家而祿司馬子綦王曰若我
能止聽公子獨能禁我游耳後世游之無有極

時柰何令尹子西曰欲禁後世易耳願大王山
陵崩阤爲陵於荆臺未嘗有持鍾鼓管絃之樂
而游於父之墓上者也於是王還車卒不游荆
臺令罷先置孔子從魯聞之曰美哉令尹子西
諫之於十里之前而權之於百世之後者也
荆文王得如黄之狗箘簬之矰以畋於雲夢三
月不反得舟一作丹之姬淫朞年不聽朝保申諫
曰先王卜以臣爲保吉今王得如黄之狗箘簬
之矰畋於雲夢三月不反及得舟之姬淫朞年

李克

不聽朝王之罪當笞匍伏將笞王王曰不穀免
於襁褓託於諸侯矣願請變更而無笞保申曰
臣承先王之命不敢廢王不受笞是廢先王之
命也臣寧得罪於王無負於先王王曰敬諾乃
席王王伏保申束細箭五十跪而加之王背如
此者再謂王起矣王曰有笞之名一也遂致之
保申曰臣聞之君子耻之小人痛之恥之不變
痛之何益保申趨出欲自流乃請罪於王王曰
此不穀之過保將何罪王乃變行從保申殺如

黄之徇折箘簬之矰逐舟之雖務治乎荆兼國三十令荆國廣大至於此者保申敢極言之功也籥何王陵聞之曰聖主能奉先世之業而以成功名者其唯荆文王乎故天下譽之至今明主忠臣孝子以爲法

晉平公使叔嚮聘於吴吴人拭舟以逆之左五百人右五百人有繡衣而豹裘者有錦衣而狐裘者叔嚮歸以告平公平公曰吴其亡乎奚以敬舟奚以敬民叔嚮對曰君爲馳底之臺上可

以發千兵下可以陳鍾鼓諸侯聞君者亦曰奚以敬臺奚以敬民所敬各異也於是平公乃罷臺

趙簡子舉兵而攻齊令軍中有敢諫者罪至死被甲之士名曰公盧望見簡子大笑簡子曰子何笑對曰臣有宿笑簡子曰有以解之則可無以解之則死對曰當桑之時臣鄰家夫與妻俱之田見桑中女因往追之不能得還反其妻怒而去之臣咲其曠也簡子曰今吾伐國失國是

吾曠也於是罷師而歸

景公爲臺臺成又欲爲鍾晏子諫曰君不勝欲爲臺今復欲爲鍾是重斂於民民之哀矣夫斂民之哀而以爲樂不祥景公乃止

景公有馬其圉人殺之公怒援戈將自擊之晏子曰此不知其罪而死臣請爲君數之令知其罪而殺之公曰諾晏子舉戈而臨之曰汝爲吾君養馬而殺之而罪當死汝使吾君以馬之故殺圉人而罪又當死汝使吾君以馬故殺人聞

於四鄰諸侯汝罪又當死公曰夫子釋之夫子釋之勿傷吾仁也

景公好弋使燭雛主鳥而亡之景公怒而欲殺之晏子曰燭雛有罪請數之以其罪乃殺之景公曰可於是乃召燭雛數之景公前曰汝爲吾君主鳥而亡之是一罪也使吾君以鳥之故殺人是二罪也使諸侯聞之以吾君重鳥而輕士是三罪也數燭鶵罪已畢請殺之景公曰止勿殺而謝之

景公正晝被髮乘六馬御婦人以出正閨則跪

擊其馬而反之曰爾非吾君也公慙而不朝晏
子睹裔敖而問曰君何故不朝對曰昔者君正
晝被髮乘六馬御婦人出正閨刖跪擊其馬而
反之曰爾非吾君也公慙而反不果出是以不
朝晏子入見公曰昔者寡人有罪被髮乘六馬
以出正閨刖跪擊其馬而反之曰爾非吾君也
寡人以天子大夫之賜得率百姓以守宗廟今
見戮於刖跪以辱社稷吾猶可以齊於諸侯乎
晏子對曰君無惡焉臣聞之下無直辭上有隱

君民多諱言君有驕行古者明君在上下有直
辭君上好善民無諱言今君有失行而刖跪有
直辭是君之福也故㠯來慶請賞之明君之好
善禮之以明君之受諫公笑曰可乎晏子曰可
於是令刖跪倍資無正時朝無事
景公飲酒移於晏子家前驅報閭曰君至晏子
被玄端立於門曰諸侯得微有故乎國家得微
有故乎君何爲非時而夜辱公曰酒醴之味金
石之聲願與夫子樂之晏子對曰夫布薦席陳

簠簋者有人臣不敢與焉公曰移於司馬穰苴之家前驅報閭曰君至司馬穰苴介胄操戟立於門曰諸侯得微有兵乎大臣得微有叛者乎君何爲非

顛與夫子樂之對曰夫布薦席陳簠簋者有人臣不敢與焉公曰移於梁丘據之家前驅報閭曰君至梁丘據左操瑟右挈竽行歌而至公曰樂哉今夕吾飲酒也微彼二子者何以治吾國微此一臣者何以樂吾身賢聖之君皆有益友

無偷樂之臣景公弗能及故兩用之僅得不亡吳以伍子胥孫武之謀西破強楚北威齊晉南伐越越王勾踐迎擊之敗吳於姑蘇傷闔廬指軍卻闔廬謂太子夫差曰爾忘勾踐殺而父乎夫差對曰不敢是夕闔廬死夫差既立爲王以伯嚭爲太宰習戰射三年伐越敗於夫湫越王勾踐乃以兵五千人（一作入）棲於會稽山上使大夫種厚幣遺吳太宰嚭以請和委國爲臣妾吳王將許之伍子胥諫曰越王爲人能辛苦今王

不滅後必悔之吳王不聽用太宰嚭計與越平其後五年吳王聞齊景公死而大臣爭寵新君弱乃興師北伐齊子胥諫曰不可勾踐食不重味弔死問疾且能用人此人不死必爲吳患今越腹心之疾齊猶疥癬耳而王不先越乃務伐齊不亦謬乎吳王不聽伐齊大敗齊師於艾陵遂與鄒魯之君會以歸益疏子胥之言其後四年吳將復北伐齊越王勾踐用子貢之謀乃率其衆以助吳而重寶以獻遺太宰嚭太宰嚭既

數受越賂其愛信越殊甚日夜爲言於吳王王
信用嚭之計伍子胥諫曰夫越腹心之疾今信
其游辭僞許而貪齊譬猶石田無所用之盤庚
曰古人有顛越不恭是商所以興也願王釋齊
而先越不然將悔之無及也已吳王不聽使子
胥於齊子胥謂其子曰吾諫王王不我用吾今
見吳之滅矣女與吳俱亡無爲也乃屬其子於
齊鮑氏而歸報吳王太宰嚭既與子胥有隙因
讒曰子胥爲人剛暴少恩其怨望猜賊爲禍也

深恨前日王欲伐齊子胥以爲不可王卒伐之
而有大功子胥計謀不用乃反怨望今王又復
伐齊子胥專復強諫沮毀用事徼幸吴之敗以
自勝其計謀耳今王自行悉國中武力以伐齊
而子胥諫不用因輟佯病不行王不可不備此
起禍不難且臣使人微伺之其使齊也乃屬其
子於鮑氏夫人臣内不得意外交諸侯自以先
王謀臣今不用常怏怏願王蚤圖之吴王曰微
子之言吾亦疑之乃使使賜子胥屬鏤之劒曰

子以此死子胥曰嗟乎讒臣宰嚭爲亂王顧反誅我我令若父霸又若立時諸子弟爭立我以死爭之於先王幾不得立若旣立欲分吳國與我我顧不敢當然君之何聽讒臣殺長者乃告舍人曰必樹吾墓上以梓令可以爲器而抉吾眼著之吳東門以觀越寇之滅吳也乃自刺殺吳王聞之大怒乃取子胥尸盛以鴟夷革浮之江中吳人憐之乃爲立祠於江上因名曰胥山後十餘年越襲吳吳王還與戰不勝使大夫行

成於越不許吳王將死曰吾以不用子胥之言至於此令死者無知則已死者有知吾何面目以見子胥也遂蒙絮覆面而自刎

齊簡公有臣曰諸御鞅諫簡公曰田常與宰予此二人者甚相憎也臣恐其相攻相攻雖叛而危之不可願君去　人簡公曰非細人之所敢議也居無幾何田常果攻宰予於庭賊簡公於朝簡公喟焉太息曰余不用鞅之言以至此患也故忠臣之言不可不察也

魯襄公朝荊至淮聞荊康王卒公欲還叔仲照伯曰君之來也爲其威也今其王死其威未去何爲還大夫皆欲還子服景伯曰子之來也爲國家之利也故不憚勤勞不遠道途而聽於荊也畏其威也夫義人者固將慶其喜而弔其憂況畏而聘焉者乎聞畏而往聞喪而還其誰曰非侮也芊姓是嗣王太子又長矣執政未易事君任政求說其侮以定嗣君而示後人其讎滋大以戰小國其誰能止之若從君而致患不若

遺君以避難且君子計而後行二三子其計乎。有御楚之術有守國之備則可若未有也不如行乃遂行

孝景皇帝時吴王濞反梁孝王中郎枚乘字叔聞之爲書諫王其辭曰君王之外臣乘竊聞得全者全昌失全者全亡舜無立錐之地以有天下禹無十户之聚以王諸侯湯武之地方不過百里上不絶三光之明下不傷百姓之心者有王術也故父子之道天性也忠臣不敢避誅以

直諫故事無廢業而功流於萬世也臣誠願披
腹心而効愚忠恐大王不能用之臣誠願大王
少加意念惻怛之心於臣乘之言夫以一縷之
任係千鈞之重上懸之無極之高下垂之不測
之淵雖甚愚之人且猶知哀其將絶也馬方駭
而重驚之係方絶而重鎮之係絶於天不可復
結墜入深淵難以復出其出不出閒不容髮誠
能用臣乘言一舉必脱必若所欲爲危如重卵
難於上天變所欲爲易於反掌安於太山今欲

極天命之壽弊無窮之樂保萬乘之勢不出
反掌之易以居太山之安乃欲乘重卵之危走
上天之難此愚目之所大惑也人性有畏其影
而惡其迹者却背而走無益也不知就陰而止
影滅迹絶欲人勿聞莫若勿言欲人勿知莫若
勿爲欲湯之冷令一人吹之百人揚之無益也
不如絶薪止火而已不絶之於彼而救之於此
譬猶抱薪救火也養由基楚之善射者也去楊
葉百步百發百中楊葉之小而加百中焉可謂

善射矣所止乃百步之中耳比於目未知樸弓
持矢也福生有基禍生有胎納其基絕其胎禍
何從來哉泰山之溜穿石引繩久之乃以挈木
水非石之鑽繩非木之鋸也而漸靡使之然夫
銖銖而稱之至石必差寸寸而度之至丈必過
石稱丈量徑而寡失夫十圍之木始生於蘖可
引而絕可擢而拔據其未生先其未形磨礱砥
礪不見其損有時而盡種樹畜長不見其益有
時而大積德修行不知其善有時而用行惡爲

非棄義背理不知其惡有時而亡目誠願大王
孰計而身行之此百王不易之道也吳王不聽
卒死丹徒
吳王欲從民飲酒伍子胥諫曰不可昔白龍下
清冷之淵化爲魚漁者豫且射中其目白龍上
訴天帝天帝曰當是之時若安置而形白龍對
曰我下清冷之淵化爲魚天帝曰魚固人之所
射也若是豫且何罪夫白龍天帝貴畜也豫且
宋國賤臣也白龍不化豫且不射今弃萬乘之

位而從布衣之士飲酒㠯恐其有豫且之患矣

王乃止

孔子曰良藥苦於口利於病忠言逆於耳利也

行故武王諤諤而昌紂嘿嘿而亡君無諤諤之

臣父無諤諤之子兄無諤諤之弟夫無諤諤之

婦士無諤諤之友其亡可立而待故曰君失之

㠯得之父失之子得之兄失之弟得之夫失之

婦得之士失之友得之故無亡國破家悖父亂

子放兄弃弟狂夫淫婦絕交敗友

子復於景公曰朝居嚴乎公曰朝居嚴則曷於治國家哉晏子對曰朝居嚴則下無言下無言則上無聞矣下無言則謂之喑上無聞則謂之聾聾喑則非害治國家如何也且合菽粟之微以滿倉廩合疏縷之緯以成幃幕太山之高非一石也累卑然後高也夫治天下者非一士之言也固有受而不用惡有距而不入者哉

說苑卷第九

孝

說苑卷第十

鴻嘉四年三月己亥護左都水使者光禄大夫臣劉向上

敬慎

存亡禍福其要在身聖人重誠敬慎所忽中庸曰莫見乎隱莫顯乎微故君子能慎其獨也諺曰誠無詬思無辱夫不誠不思而以存身全國者亦難矣詩曰戰戰兢兢如臨深淵如履薄水此之謂也

昔成王封周公周公辭不受乃封周公子伯禽

於魯將辭去周公戒之曰去矣子其無以魯國
驕士矣我文王之子也武王之弟也今王之叔
父也又相天子吾於天下亦不輕矣然嘗一沐
而三握髮一食而三吐哺猶恐失天下之士吾
聞之曰德行廣大而守以恭者榮土地愽裕而
守以儉者安祿位尊盛而守以卑者貴人衆兵
強而守以畏者勝聰明叡智而守以愚者益愽
聞多記而守以淺者廣此六守者皆謙德也夫
貴爲天子富有四海不謙者先天下亡其身桀

紂是也可不慎乎故易曰有一道大足以守天下中足以守國家小足以守其身謙之謂也夫天道毀滿而益謙地道變滿而流謙鬼神害滿而福謙人道惡滿而好謙是以衣成則缺衽宫成則缺隅屋成則加錯示不成者天道然也易曰謙亨君子有終吉詩曰湯降不遲聖敬日躋其戒之哉子其無以魯國驕士矣

孔子讀易至於損益則喟然而嘆子夏避席而問曰夫子何謂嘆孔子曰夫自損者益自益者

鈌吾是以嘆也子夏曰然則學者不可以益乎
孔子曰否天之道成者未嘗得久也夫學者以
虛受之故曰得苟梜知持滿則天下之善言不
得入其耳矣昔堯履天子之位猶允恭以持之
虛靜以待下故百載以逾盛迄今而益章是吾
自臧而滿意窮高而不衰故當時而虧敗迄今
而愈惡是非損益之徵與吾故曰謙也者致恭
以存其位者也夫豐明而動故能大苟大則虧
矣吾戒之故曰天下之善言不得入其耳矣曰

中則昃月盈則食天地盈虛與時消息是以聖
人不敢當盛升輿而遇三人則下二人則軾調
其盈虛故能長久也子夏曰善請終身誦之
孔子觀於周廟而有欹器焉孔子問守廟者曰
此爲何器對曰蓋爲右坐之器孔子曰吾聞右
坐之器滿則覆虛則欹中則正有之乎對曰然
孔子使子路取水而試之滿則覆中則正虛則
欹孔子喟然嘆曰嗚呼惡有滿而不覆者哉子
路曰敢問持滿有道乎孔子曰持滿之道挹而

損之子路曰損之有道乎孔子曰高而能下滿而能虛富而能儉貴而能卑智而能愚勇而能怯辯而能訥博而能淺明而能闇是謂損而不極能行此道唯至德者及之易曰不損而益之故損自損而終故益

常摐有疾老子往問焉曰先生疾甚矣無遺教可以語諸弟子者乎常摐曰子雖不問吾將語子常摐曰過故鄉而下車子知之乎老子曰過故鄉而下車非謂其不忘故耶常摐曰嘻是已

常摐曰過喬木而趨子知之乎老子曰過喬木

而趨非謂敬老邪常摐曰嘻是已張其口而示

老子曰吾舌存乎老子曰然吾齒存乎老子曰

亡常摐曰子知之乎老子曰夫舌之存也豈非

以其治之柔邪齒之亡也豈非以其剛邪常摐

曰嘻是已天下之事已盡矣無以復語子哉

韓平子問於叔向曰剛與柔孰堅對曰臣年八

十矣齒再墮而舌尚存者聃有言曰天下之至

柔馳騁乎天下之至堅又曰人之生也柔弱其

死也剛強萬物草木之生也柔脆其死也枯槁
因此觀之柔弱者生之徒也剛強者死之徒也
夫生者毀而必復死者破而愈亡吾是以知柔
之堅於剛也平子曰善哉然則子之行何從叔
向曰臣亦柔耳何以剛爲平子曰柔無乃脆乎
叔向曰柔者紐而不折廉而不缺何爲脆也天
之道微者勝是以兩軍相加而柔者克之兩仇
爭利而弱者得焉易曰天道虧滿而益謙地道
變滿而流謙鬼神害滿而福謙人道惡滿而好

謙夫懷謙不足之柔弱而四導者助之則安往
而不得其志乎平子曰善
桓公曰金剛則折革剛則裂人君剛則國家滅
人臣剛則交友絶夫剛則不和不和則不可用
是故四馬不和取道不長父子不和其世破亡
兄弟不和不能久同夫妻不和家室大凶易曰
二人同心其利斷金由不剛也
老子曰得其所利必慮其所害樂其所成必顧
其所敗人爲善者天報以福人為不善者天報

以禍也故曰禍兮福所倚福兮禍所伏戒之慎
之君子不務何以備之夫上知天則不失時下
知地則不失財日元慎之則無害災
曾子有疾曾元抱首曾華抱足曾子曰吾無顔
氏之才何以告汝雖無能君子務益夫華多實
少者天也言多行少者人也夫飛鳥以山爲卑
而層巢其巔魚鱉以淵爲淺而穿穴其中然所
以得者餌也君子苟能無以利害身則辱安從
至乎官怠於宦成病加於少愈禍生於懈惰孝

衰於妻子察此四者慎終　如始詩曰靡不有初

鮮克有終

單快曰國有五寒而水凍不與焉一曰政外二

曰女厲三曰謀泄四曰不敬卿士而國家敗五

曰不能治内而務外此五者一見雖祠無福除

禍必得致福則貸

孔子曰存亡禍福皆在已而已天災地妖亦不

能殺也昔者殷王帝辛之時爵生烏於城之隅

二人占之曰凡小以生巨國家必祉王名必倍

帝辛喜爵之德不治國家亢暴無極外寇乃至遂亡殷國此道天之時詭福反爲禍至殷王武丁之時先王道缺刑法弛桑穀俱生於朝七日而大拱工人占之曰桑穀者野物也野物生於朝意朝亡乎武丁恐駭側身脩行思昔先王之政興滅國繼絶世舉逸民明養老之道三年之後遠方之君重譯而朝者六國此迎天時得禍反爲福也故妖孽者天所以警天子諸侯也惡夢者所以警士大夫也故妖孽不勝善政惡夢

不勝善行也至治之極禍反爲福故太甲曰天

作孽猶可違自作孽不可逭

石讎曰春秋有忽然而足以亡者國君不可以

不慎也妃妾不一足以亡公族不親足以亡大

臣不任足以亡國爵不用足以亡親佞近讒足

以亡舉百事不時足以亡使民不節足以亡刑

罰不中足以亡內失衆心足以亡外嫚大國足

以亡

夫福生於隱約而禍生於得意齊頃公是也齊

頃公桓公之子孫也地廣民衆兵强國富又得
霸者之餘尊驕蹇怠慠未甞肯出會同諸侯乃
興師伐魯反敗衛師于新築輕小嫚大之行甚
俄而晉魯徃聘以使者戲二國怒歸求黨與助
得衛及曹四國相輔期戰於鞍大敗齊師獲齊
頃公斬逢丑父於是戄然大恐賴逢丑父之欺
奔逃得歸弔死問疾七年不飲酒不食肉外金
石絲竹之聲遠婦女之色出會與盟卑下諸侯
國家內得行義聲問震乎諸侯所亡之地弗求

而自爲來尊寵不武而得之可謂能詘免變化
以致之故福生於隱約而禍生於得意此得失
之効也
大功之効在於用賢積道浸章浸明衰减之過
在於得意而急浸蹇浸亡晉文公是其効也晉
文公出亡修道不休得至子饗國饗國之時上
無明天子下無賢方伯强楚主會諸侯皆畔天
子失道出居于鄭文公於是憫中國之微任咎
犯先軫陽處父畜愛百姓厲養戎士四年政治

内定則舉兵而伐衛執曹伯還遝敗強楚威震天
下明王法率諸侯而朝天子莫敢不聽天下曠
然平定周室尊顯故曰大功之效在於用賢積
道浸章浸明文公於是霸功立期至意得湯武
之心作而忘其衆一年三用師且弗休息遂進
而圍許兵亟弊不能服罷諳侯而歸自此而怠
政事爲狄泉之盟不親至信衰義缺如羅不補
威武詘折不信則諸侯不朝鄭遂叛夷狄内侵
衛遷于商丘故曰衰滅之過在於得意而怠浸

蹇浸士

田子方侍魏文侯坐太子擊趨而入見賔客群臣皆起田子方獨不起文侯有不説之色太子亦然田子方稱曰爲子起歟無如禮何不爲子起歟無如罪何請爲子誦楚恭王之爲太子也將出之雲夢遇大夫工尹工尹遂趨避家人之門中太子下車從之家人之門中曰子大夫何爲其若是吾聞之敬其父者不兼其子兼其子者不祥莫太焉子大夫何爲其若是工尹曰向

吾望見子之面今而後記子之心審如此汝將
何之文侯曰善太子擊前誦恭王之言誦三遍
而請習之
子贛之承或在涂見道側巾弊布擁蒙而衣裏
其名曰舟綽子贛問焉曰此至承幾何嘿然不
對子贛曰人問乎己而不應何也屏其擁蒙而
言曰望而黷人者仁乎覩而不識者智乎輕侮
人者義乎子貢下車曰賜不仁過問三言可復
聞乎曰是足於子矣吾不告子於是子贛參偶

則軾五偶則下

孫叔敖爲楚令尹一國吏民皆來賀有一老父衣麤衣冠曰冠後來弔孫叔敖正衣冠而出見之謂老父曰楚王不知臣不肖使臣受吏民之垢人盡來賀子獨後來弔豈有說乎父曰有說身已貴而驕人者民去之位已高而擅權者君惡之祿已厚而不知足者患處之孫叔敖再拜曰敬受命願聞餘教父曰位已高而意益下官益大而心益小祿已厚而慎不敢取君謹守此

三者足以治楚矣

魏安釐王十一年秦昭王謂左右曰今時韓魏與秦孰強對曰不如秦強王曰今時如耳魏齊與孟嘗芒卯孰賢對曰不如孟嘗芒卯之賢王曰以孟嘗芒卯之賢率強韓魏以攻秦猶無奈寡人何也今以無能如耳魏齊而率弱韓魏以伐秦其無奈寡人何亦明矣左右皆曰然申旗伏瑟而對曰王之料天下過矣當六晉之時智氏最強滅范中行氏又率韓魏之兵以圍趙襄

子於晉陽決晉水以灌晉陽之城不湍者三板
智伯行水魏宣子御韓康子爲驂乘智伯曰吾
始不知水可以亡人國也乃今知之汾水可以
灌安邑絳水可以灌平陽魏宣子肘韓康子康
子履魏宣子之足肘足接於車上而智氏分身
死國亡爲天下笑今秦雖强不過智氏韓魏雖
弱尚賢其在晉陽之下也此方其用肘足之時
願王之必勿易也於是秦王恐
魏公子牟東行穰侯送之曰先生將去冉之山

東矣獨無一言以教冉乎魏公子牟曰微君言
之牟幾忘語君君知夫官不與勢期而勢自至
乎勢不與富期而富自至乎富不與貴期而貴
自至乎貴不與驕期而驕自至乎驕不與罪期
而罪自至乎罪不與死期而死自至乎穰侯曰
善敬受明教

高上尊賢無以驕人聰明聖智無以窮人資給
疾速無以先人剛毅猛勇無以勝人不知則問
不能則學雖智必質然後辯之雖能必讓然後

爲之故士雖聰明聖智自守以愚功被天下自

守以讓勇力距世自守以怯富有天下自守以

廉此所謂高而不危滿而不溢者也

齊桓公爲大臣具酒期以日中管仲後至桓公

舉觴以飲之管仲半棄酒桓公曰期而後至飲

而棄酒於禮可乎管仲對曰臣聞酒入舌出舌

出者言失言失者身棄臣計棄身不如棄酒桓

公笑曰仲父起就坐

楚恭王與晉厲公戰於鄢陵之時司馬子反渴

而求飲豎穀陽持酒而進之子反曰退酒也穀
陽曰非酒也子反又曰退酒也穀陽又曰非酒
也子反受而飲之醉而寢恭王欲復戰使人召
子反子反辭以心疾於是恭王駕往入幄聞酒
臭曰今日之戰所恃者司馬司馬至醉如此是
亡吾國而不恤吾衆也吾無以復戰矣於是乃
誅子反以爲戮還師去穀陽之進酒也非以妬
子反忠愛之而適足以殺之故曰小忠大忠之
賊也小利大利之殘也好戮之臣不可不察也

羞小恥以構大怨貪小利以亡大衆春秋有其戒晉先軫是也先軫欲要功獲名則以秦不假道之故請要秦師襄公曰不可夫秦伯與吾先君有結先君一日薨而興師擊之是孤之負吾先君敗鄰國之交而失孝子之行也先軫曰先君薨而不弔贈是無哀吾喪也興師徑吾地而不假道是弱吾孤也且柩車尚薄屋無哀吾喪也興師卜曰大國師將至請擊之則聽先軫興兵要之殽擊之匹馬隻輪無脫者大結怨構禍

於秦接刃流血伏尸暴骸糜爛國家十有餘年卒喪其師衆禍及大夫憂累後世故好戰之臣不可不察也

魯哀公問孔子曰予聞忘之甚者徙而忘其妻有諸乎孔子對曰此非忘之甚者也忘之甚者忘其身哀公曰可得聞與對曰昔夏桀貴爲天子富有天下不修禹之道毀壞辟法裂絕世祀荒淫于樂沉酗于酒其臣有左師觸龍者謟諛不止湯誅桀左師觸龍者身死四支不同壇而

居此忘其身者也哀公愀然變色曰善

孔子之周觀於太廟右陛之前有金人焉三緘其口而銘其背曰古之慎言人也戒之哉戒之哉無多言多言多敗無多事多事多患安樂必戒無行所悔勿謂何傷其禍將長勿謂何害其禍將大勿謂何殘其禍將然勿謂莫聞天妖伺人熒熒不濊炎炎奈何涓涓不壅將成江河緜緜不絕將成網羅青青不伐將尋斧柯誠不能慎之禍之根也口是何傷禍之門也強梁者不

得其死好勝者必遇其敵盜怨主人民害其貴君子知天下之不可蓋也故後之下之使人慕之執雌持下莫能與之爭者人皆趨彼我獨守此衆人惑惑我獨不從內藏我知不與人論技我雖尊高人莫害我夫江河長百谷者以其卑下也天道無親常與善人戒之哉戒之哉孔子顧謂弟子曰記之此言雖鄙而中事情詩曰戰戰兢兢如臨深淵如履薄冰行身如此豈以口遇禍哉

魯哀侯棄國而走齊齊侯曰君何年之少而棄國之蚤魯哀侯曰臣始爲太子之時人多諫臣臣受而不用也人多愛臣臣愛而不近也是則内無聞而外無輔也是猶秋蓬惡於根本而美於枝葉秋風一起根旦拔矣

孔子行遊中路聞哭者聲其音甚悲孔子曰驅之驅之前有異人音少進見之丘吾子也擁鐮攜紫而哭孔子辟車而下問曰夫子非有喪也何哭之悲也丘吾子對曰吾有三失孔子曰願

聞三失丘吾子曰吾少好學問周遍天下還後
吾親亡一失也事君奢驕諫不遂是二失也厚
交友而後絶三失也樹欲靜乎風不定子欲養
乎親不待往而不來者年也不可得再見者親
也請從此辭則自刎而死孔子曰弟子記之此
足以爲戒也於是弟子歸養親者十三人
孔子論詩至於正月之六章懼然曰不逢時之
君子豈不殆哉從上依世則廢道違上離俗則
危身世不與善己獨由之則曰非妖則孽也是

以桀殺關龍逢紂殺王子比干故賢者不遇時

常恐不終焉詩曰謂天蓋高不敢不跼謂地蓋

厚不敢不蹐此之謂也

孔子見羅者其所得者皆黃口也孔子曰黃口

盡得大爵獨不得何也羅者對曰黃口從大爵

者不得大爵從黃口者可得孔子顧謂弟子曰

君子慎所從不得其人則有羅網之患

脩身正行不可以不慎嗜欲使行虧讒諛亂正

心衆口使意回憂患生於所忽禍起於細微汙

辱難湔洒敗事不可復追不深念遠慮後悔當
幾何夫徼幸者伐性之斧也嗜欲者逐禍之馬
也謾諛者窮辱之舍也取虐於人者趨禍之路
也故曰去徼幸務忠信節嗜欲無取虐於人則
稱爲君子名聲常存怨生於不報禍生於多福
安危存於自處不困在於蚤豫存亡在於得人
慎終如始乃能長久能行此五者可以全身已
所不欲勿施於人是謂要道也
顔回將西游問於孔子曰何以爲身孔子曰恭

敬忠信可以爲身恭則免於衆敬則人愛之忠
則人與之信則人恃之人所愛人所與人所恃
必免於患矣可以臨國家何況於身乎故不比
數而比踈不亦遠乎不脩中而脩外不亦反乎
不先慮事臨難乃謀不亦晚乎

凡司其身必慎五本一曰柔以仁二曰誠以信
三曰富而責毋敢以驕人四曰恭以敬五曰寛
以靜思此五者則無凶命曰能治敬以助天時
凶命不至而禍不來敬人者非敬人也自敬也

貴人者非貴人也自貴也昔者吾嘗見天雨金
石與血吾嘗見四月十日並出有與天滑吾嘗
見高山之崩深谷之窒大都王宫之破大國之
滅吾嘗見高山之爲裂深淵之沙竭貴人之車
裂吾嘗見稠林之無木平原爲谿谷君子爲御
僕吾嘗見江河乾爲坑正冬采榆葉仲夏雨雪
霜千乘之君萬乘之主死而不葬是故君子敬
以成其名小人敬以除其刑奈何無戒而不慎
五本哉

魯有恭七名曰机汜行年七十其恭益甚冬日
行陰夏日行陽市次不敢不行參行必隨坐必
危一食之間三起不差見衣裘褐之士則爲之
禮魯君問曰机子年甚長矣不可釋恭乎机汜
對曰君子好恭以成其名小人學恭以除其刑
對君之坐豈不安哉尚有差跌一食之上豈不
美哉尚有嘆噎今若汜所謂幸者也固未能自
必鴻鵠飛冲天豈不高哉矰繳尚得而加之虎豹
爲猛人尚食其肉席其皮譽人者少惡人者多

行年七十常恐斧質之加於汜者何釋恭爲成回學於子路三年回恭敬不已子路問其故何也回對曰臣聞之行者北於鳥上畏鷹鸇下畏網羅夫人爲善者少爲讒者多若身不死安知禍罪不施行年七十富恐行節之虧囬是以恭敬待大命子路稽首曰君子哉

說苑卷第十

説苑卷第十一

鴻嘉四年三月己亥護左都水使者光禄大夫臣劉向上

善説

孫卿曰夫談説之術齊莊以立之端誠以處之堅強以持之譬稱以諭之分别以明之歡欣憤滿以送之寶之珎之貴之神之如是則説常無不行矣夫是之謂能貴其所貴傳曰唯君子爲能貴其所貴也詩云無易由言無曰苟矣鬼谷子曰人之不善而能矯之者難矣説之不行言

之不從者其辯之不明也既明而不行者持之不固也既固而不行者未中其心之所善也辯之明之持之固之又中其人之所善其言神而珍白而分能入於人之心如此而説不行者天下未嘗聞也此之謂善説子貢曰出言陳辭身之得失國之安危也詩云辭之繹矣民之莫矣夫辭者人之所以自通也主父偃曰人而無辭安所用之昔子產脩其辭而趙武致其敬王孫滿明其言而楚莊以慙蘇秦行其説而六國以

安蒯通陳說而身得以全夫辭者乃所以尊君
重身安國全性者也故辭不可不修而說不可
不善
趙使人謂魏王曰爲我殺范痤吾請獻七十里
之地魏王曰諾使吏捕之圍而未殺痤自上屋
騎危謂使者曰與其以死痤市不如以生痤市
有如痤死趙不與王地則王奈何故不若與定
割地然後殺痤魏王曰善痤因上書信陵君曰
痤故魏之免相也趙以地殺痤而魏王聽之有

如強秦亦將襲趙之欲則君且奈何信陵君言於王而出之

吳人入荆召陳懷公懷公召國人曰欲與荆者左欲與吳者右逢滑當公而進曰吳未有福荆未有禍公曰國勝君出非禍而奚對曰小國有是猶復而况大國乎楚雖無德亦不斬艾其民吳日弊兵暴骨如莽未見德焉天其或者正訓荆也禍之適吳何日之有陳侯從之

桓公立仲父致大夫曰善吾有入門而右不若

吾者入門而左有中門而立者桓公問焉對曰管子之知可與謀天下其強可與取天下君恃其信乎內政委焉外事斷焉驅民而歸之是亦可奪也桓公曰善乃謂管仲政則卒歸於子矣政之所不及唯子是匡管仲故築三歸之臺以自傷於民

齊宣王出獵於社山社山父老子三人相與勞王王曰父老苦矣謂左右賜父老田不租父老皆拜閭丘先生不拜王曰父老以爲少耶謂左

右復賜父老無徭役父老皆拜閭丘先生又不拜王曰拜者去不拜者前曰寡人今日來觀父老幸而勞之故賜父老田不租父老皆拜先生獨不拜寡人自以爲少故賜父老無徭役父老皆拜先生又獨不拜寡人得無有過乎閭丘先生對曰惟聞大王來遊所以爲勞大王望得壽於大王望得富於大王望得貴於大王王曰天殺生有時非寡人所得與也無以壽先生倉廩雖實以備菑害無以富先生大官無缺小官卑

賤無以貴先生閭丘先生對曰此非人臣所敢
望也願大王選良富家子有修行者以爲吏平
其法度如此臣少可以得壽焉春秋冬夏振之
以時無煩擾百姓如是臣可少得以富焉願大
王出令令少者敬長長者敬老如是臣可少得
以貴焉今大王幸賜臣田不租然則倉廩將虚
也賜臣無徭役然則官府無使焉此固非人臣
之所敢望也齊王曰善願請先生爲相
孝武皇帝時汾陰得寶鼎而獻之於甘泉宮群

臣賀上壽曰陛下得周鼎侍中虞丘壽王獨曰
非周鼎上聞之召而問曰朕得周鼎群臣皆以
爲周鼎而壽王獨以爲非何也壽王有説則生
無説則死對曰臣壽王安敢無説臣聞夫周德
始産于后稷長於公劉大於大王成於文武顯
於周公德澤上洞天下漏泉無所不通上天報
應鼎爲周出故名曰周鼎今漢自高祖繼周亦
昭德顯行布恩施惠六合和同至陛下之身逾
盛天瑞並至徵祥畢見昔始皇帝親出鼎於彭

城而不能得天昭有德寶鼎自至此天之所以
予漢乃漢鼎非周鼎也上曰善群臣皆稱萬歲
是日賜虞丘壽王黃金十斤
晉獻公之時東郭民有祖朝者上書獻公曰草
茅臣東郭民祖朝願請聞國家之計獻公使使
出告之曰肉食者已慮之矣藿食者尚何與焉
祖朝對曰大王獨不聞古之將曰桓司馬者朝
朝其君舉而晏御呼車驂亦呼車御肘其驂曰
子何越云爲乎何爲藉呼車驂謂其御曰當呼

者呼乃吾事也子當御正子之轡銜耳子今不
王轡銜使馬卒然驚妄轢道中行人必逢大敵
下車免劍步血履肝者固吾事也子寧能辟子
之轡下佐我乎其禍亦及吾身與有深憂吾安
得無呼車哉今大王曰食肉者已慮之矣藿食
者尚何與焉設使食肉者一旦失計於廟堂之
上若臣等之藿食者寧得無肝膽塗地於中原
之野與其禍亦及臣之身臣與有其憂深臣安
得無與國家之計乎獻公召而見之三日與語

無復憂者乃立以爲師也

客謂梁王曰惠子之言事也善譬王使無譬則不能言矣王曰諾明日見謂惠子曰願先王言事則直言耳無譬也惠子曰今有人於此而不知彈有曰彈之狀何若應曰彈之狀如彈則諭乎王曰未諭也於是更應曰彈之狀如弓而以竹爲弦則知乎王曰可知矣惠子曰夫說者固以其所知諭其所不知而使人知之今王曰無譬則不可矣王曰善

孟嘗君寄客於齊王三年而不見用故客反謂孟嘗君曰君之寄目也三年而不見用不知臣之罪也君之過也孟嘗君曰寡人聞之縷因針而入不因針而急嫁女因媒而成不因媒而親夫子之材必薄矣尚何怨乎寡人哉客曰不然臣聞閭氏之醫韓氏之盧天下疾狗也見菟而栢屬則無失菟矣望見而放狗也則累世不能得菟矣狗非不能屬之者罪也孟嘗君曰不然昔華舟杞梁戰而死其妻悲之向城而哭隅爲

之崩城爲之阤君子誠能刑於内則物應於外矣夫土壤且可爲忠況有食穀之君乎客曰不然臣見鷦鷯巢於葦苕著之髮毛建之女工不能爲也可謂完堅矣大風至則苕折卵破子死者何也其所託者使然也且夫狐者人之所攻也鼠者人之所燻也臣未嘗見稷狐見攻社鼠見燻也何則所託者然也於是孟嘗君復屬之齊齊王使爲相

陳子說梁王梁王說而疑之曰子何爲去陳侯

之國而教小國之孤於此乎陳子曰夫善亦有
道而遇亦有時昔傳說衣褐帶劒而築於秕傳
之城武丁夕夢旦得之時王也甯戚飯牛康衢
擊車輻而歌顧見桓公得之時霸也百里奚自
賣五羊之皮爲秦人虜穆公得之時強也論若
三子之行未得爲孔子駿徒也今孔子經營天
下南有陳蔡之阨而北干景公三坐而五立未
嘗離也孔子之時不行而景公之時怠也以孔
子之聖不能以時行說之怠亦獨能如之何乎

林既衣韋衣而朝齊景公齊景公曰此君子之
服也小人之服也林既逡循而作色曰失服事
何足以端士行乎昔者荆爲長劒危冠令尹子
西出焉齊短衣而遂偞之冠管仲隰朋出焉越
文身鬋髮范蠡大夫種出焉西戎左衽而椎結
由余亦出焉即如君言衣狗裘者當犬吠衣羊
裘者當羊鳴且君衣狐裘而朝意者得無爲變
乎景公曰子眞爲勇悍矣今未嘗見子之奇辯
也一鄰之鬬也千乘之勝也林既曰不知君之

所謂者何也夫登高臨危而目不眴而足不陵

者此工匠之勇悍也入深淵刺蛟龍抱黿鼉而

出者此漁夫之勇悍也入深山刺虎豹抱熊羆

而出者此獵夫之勇悍也不難斷頭裂腹暴骨

流血中野者此武夫之勇悍也今臣居廣廷作

色端辯以犯王君之怒前雖有乘軒之賞未爲

之動也後雖有斧質之威未爲之恐也此既之

所以爲勇悍也

魏文侯與大夫飲酒使公乘不仁爲觴政曰飲不

釂者浮以大白文侯飲而不盡釂公乘不仁舉
白浮君君視而不應侍者曰不仁退君已醉矣
公乘不仁曰周書曰前車覆後車戒蓋言其危
爲人臣者不易爲君亦不易今吾已設令令不行
可乎君曰善舉白而飲飲畢曰以公乘不仁爲上客
襄成君始封之日衣翠衣帶玉劍履縞舄立于
遊水之上大夫擁鍾鍾縣令執將號令呼誰能渡王者
於是也楚大夫莊辛過而說之遂造託而拜謁起
立曰臣願把君之手其可乎襄成君忿作色而

不言莊辛遷延沓手而稱曰君獨不聞夫鄂君子晳之泛舟於新波之中也乘青翰之舟極𦱤芘張翠蓋而撿犀尾班麗社衽會鍾鼓之音畢榜枻越人擁楫而歌歌辭曰濫兮抃草濫予昌桓澤予昌州州䭈州焉乎秦胥胥縵予乎昭澶秦踰滲惿隨河湖鄂君子晳曰吾不知越歌子試爲我楚說之於是乃召越譯乃楚說之曰今夕何夕兮搴中洲流今日何日兮得與王子同舟蒙羞被好兮不訾詬恥心幾頑而

不絶兮知得王子山有木兮木有枝心説君兮君不知於是鄂君子晳乃揄修袂行而擁之舉繡被而覆之鄂君子晳親楚王母弟也官爲令尹爵爲執珪一榜枻越人猶得交歡盡意焉今君何以踰於鄂君子晳臣獨何以不若榜枻之人願把君之手其不可何也襄成君乃奉手而進之曰吾少之時亦嘗以色稱於長者矣未嘗遇僇如此之卒也自今以後願以壯少之禮謹受命雍門子周以琴見乎孟嘗君孟嘗

君曰先生鼓琴亦能令文悲乎雍門子周曰臣何獨能令足下悲哉臣之所能令悲者有先貴而後賤先富而後貧者也不若身村高妙適遭暴亂無道之士妄加不道之理焉不若處勢隱絕不及四鄰詘折[illegible]厭襲於窮巷無所告忽不若交歡相愛無怨而往離遠赴絕國無復相見之時不若少失二親兄弟別離家室不足憂慼盈匈當是之時也固不可以聞飛鳥疾風之聲窮窮焉固無樂已兄若是者臣一爲之徽膠援琴而

長太息則流涕沾衿矣今若足下千乘之君也
居則廣夏邃房下羅帷來清風倡優侏儒處前
迭進而謟諛燕則鬬象棋而舞鄭女激楚之功
風練色以淫目流聲以虞耳水遊則連方舟載
羽旗鼓吹乎不測之淵野遊則馳騁弋獵乎平
原廣囿格猛獸入則撞鍾擊鼓乎深宮之中方
此之時視天地曾不若一指忘死與生雖有善
鼓琴者固未能令足下悲也孟嘗君曰否否文
固以爲不然雍門子周曰然臣之所爲足下悲

事也夫聲敵帝而困秦者君也連五國之約南面而伐楚者又君也天下未嘗無事不從則橫從成則楚王橫成則秦帝楚王秦帝必報讎於薛矣夫以秦楚之強而報讎於弱薛譬之猶摩蕭斧而伐朝菌也必不留行矣天下有識之士無不爲足下寒心酸鼻者千秋萬歲之後廟堂必不血食矣高臺既以壞曲池既以漸墳墓既以下而青廷矣嬰兒豎子樵采薪蕘者躑躅其足而歌其上衆人見之無不愀焉爲足下

悲之曰夫以孟嘗君尊貴乃可使若此乎於是

孟嘗君泫然泣涕承睫而未殞雍門子周引琴

而鼓之徐動宫徵微揮羽角切終而成曲

君涕浪汗增欷而就之曰先生之鼓琴令

若破國亡邑之人也

蘧伯玉使至楚逢公子晳濮水之上之晳接草

而待曰敢問上客將何之蘧伯玉爲之軾車公

子晳曰吾聞上士可以託色中士可以託辭下

士可以託財三者固可得而託耶蘧伯玉曰謹

受命蘧伯玉見楚王使事畢坐談語從容言至
於士楚王曰何國最多士蘧伯玉曰楚最多士
楚王大説蘧伯玉曰楚最多士而楚不能用王
造然曰是何言也蘧伯玉曰伍子胥生於楚逃
之吴吴受而相之發兵攻楚墮平王之墓伍子
胥生於楚吴善用之釁蚡黄生於楚走之晉治
七十二縣道不拾遺民不妄得城郭不閉國無
盜賊蚡黄生於楚而晉善用之今者臣之來逢
公子晳濮水之上辭言上士可以託色中士可

以託辭下士可以託財三言者固可得而託身耶又不知公子晳將何治也於是楚王發使一駟副使二乘追公子晳濮水之上子晳還重於楚蘧伯玉之力也故詩曰誰能亨魚漑之釜鬵孰將西歸懷之好音此之謂也物之相得固微甚矣

叔向之弟羊舌虎善樂達達有罪於晉晉誅羊舌虎叔向爲之奴旣而祁奚曰吾聞小人得位不爭不義君子所憂不救不祥乃往見范桓子

而說之曰聞善爲國者賞不過刑不濫賞過則
懼及淫人刑濫則懼及君子與不幸而過寧過
而賞淫人無過而刑君子故堯之刑也殛鯀於
羽山而用禹周之刑也僇管蔡而相周公不濫
刑也桓子乃命吏出叔向救人之患者行危苦
而不避煩辱猶不能免今祁奚論先王之德而
叔向得免焉學豈可已哉

張祿掌門見孟嘗君曰衣新而不舊倉庾盈而
不虛爲之有道君亦知之乎孟嘗君曰衣新而

不舊則是脩也倉庾盈而不虛則是富也爲之
柰何其說可得聞乎張禄曰願君貴則舉賢富
則振貧若是則衣新而不舊倉庾盈而不虛矣
孟嘗君以其言爲然說其意辯其辭明日使人
奉黄金百斤文織百純進之張先生先生辭而
不受後先生復見孟嘗君孟嘗君曰前先生幸
教文曰衣新而不舊倉庾盈而不虛爲之有說
汝亦知之乎文竊說教故使人奉黄金百斤文
織百純進之先生以補門内之不贍者先生曷

爲辭而不受乎張禄曰君將掘君之偶錢發君之庾粟以補士則衣弊履穿而不贍耳何暇衣新而不舊倉庾盈而不虛乎孟嘗君曰然則爲之柰何張禄曰夫秦者四塞國也遊宦者不得入焉願君爲吾爲丈尺之書寄我與秦王我往而遇乎固君之入也往而不遇乎雖人求間謀固不遇臣矣孟嘗君曰敬聞命矣因爲之書寄之秦王往而大遇謂秦王曰自禄之來入大王之境田疇益辟吏民益治然而大王有一不得

者大王知之乎王曰不知曰夫山東有相所謂孟嘗君者其人賢人天下無急則已有急則能收天下英乂雄俊之士與之合交連友者疑獨此耳然則大王胡不爲我友之乎秦王曰敬受令奉千金以遺孟嘗君孟嘗君輟食察之而寤曰此張生之所謂衣新而不舊倉庾盈而不虚者也

莊周貧者往貸粟於魏文侯曰待吾邑粟之來而獻之周曰乃今者周之來見道傍牛蹄中有

鮒魚焉大息謂周曰我尚可活也周曰須我爲
汝南見楚王決江淮以漑汝鮒魚曰今吾命在
瓮罋之中耳乃爲我見楚王決江淮以漑我汝
即求我枯魚之肆矣今周以貧故來貸粟而曰
須我邑粟來也而賜臣即來亦求臣傭肆矣文
侯於是乃發粟百鍾送之莊周之室

晉平公問叔向曰歲飢民疫翟人攻我我將若
何對曰歲飢來年而反矣疾疫將止矣翟人不
足患也公曰患有大於此者乎對曰夫大臣重

祿而不極諫近臣畏罪而不敢言左右顧寵於
小官而君不知此誠患之大者也公曰善於是
令國中曰欲有諫者爲隱左右言及國吏罪
趙簡子攻陶有二人先登死於城上簡子欲得
之陶君不與承盆疽謂陶君曰簡子將掘君之
墓以與君之百姓市曰踰邑梯城者將赦之不
者將掘其墓朽者揚其灰未朽者辜其尸陶君
懼請効二人之尸以爲和
子貢見太宰嚭太宰嚭問曰孔子何如對曰臣

不足以知之太宰曰子不知何以事之對曰惟
不知故事之夫子其猶大山林也百姓各足其
材焉太宰嚭曰子增夫子乎對曰夫子不可增
也夫賜其猶一累壤也以一累壤增大山不益
其而且爲不知太宰嚭曰然則子有所酌也對
曰天下有大樽而子獨不酌焉不識誰之罪也
趙簡子問子貢曰孔子爲人何如子貢對曰賜不
能識也簡子不説曰夫子事孔子數十年終業
而去之寡人問子子曰不能識何也子貢曰賜

譬渴者之飲江海知足而已孔子猶江海也賜則奚足以識之簡子曰善哉子貢之言也

齊景公謂子貢曰子誰師曰臣師仲尼公曰仲尼賢乎對曰賢公曰其賢何若對曰不知也公曰子知其賢而不知其奚若可乎對曰今謂天高無少長愚智皆知高高幾何皆曰不知也是以知仲尼之賢而不知其奚若

趙襄子謂仲尼曰先生委質以見人主七十君矣而無所通不識世無明君乎意先生之道固

不通乎仲尼不對異日襄子見子路曰嘗問先生以道先生不對知而不對則隱也隱則安得爲仁若信不知安得爲聖子路曰建天下之鳴鍾而撞之以挺豈能發其聲乎哉君問先生無乃猶以挺撞乎衛將軍文子問子貢曰季文子三窮而三通何也子貢曰其窮事賢其通舉窮其富分貧其貴禮賤窮而事賢則不侮通而舉窮則忠於朋友富而分貧則宗族親之貴而禮賤則百姓戴之其得之固道也失之命也曰失

而不得者何也曰其窮不事賢其通不舉窮其富不分貧其貴不禮賤其得之命也其失之固道也

子路問於孔子曰管仲何如人也子曰大人也子路曰昔者管子說襄公襄公不說是不辯也欲立公子糾而不能是無能也家殘於齊而無憂色是不慈也桎梏而居檻車中無慙色是無愧也事所射之君是不貞也召忽死之管子不死是無仁也夫子何以大之子曰管仲說襄公

襄公不說管子非不辯也襄公不知說也欲立子糾而不能非無能也不遇時也家殘於齊而無憂色非不慈也知命也桎梏居檻車而無慙色非無愧也自裁也事所射之君非不貞也知權也召忽死之管子不死非無仁也召忽者人臣之林也不死則三軍之虜也死之則名聞天下夫何爲不死哉管子者天子之佐諸侯之相也死之則不免爲溝中之瘠不死則功復用於天下夫何爲死之哉忠以不知也

晉平公問於師曠曰咎犯與趙衰孰賢對曰陽處父欲臣文公因咎犯三年不達因趙衰三日而達智不知其士衆不智也知而不言不忠也欲言之而不敢無勇也言之而不聽不賢也

趙簡子問於成摶曰吾聞夫羊殖者賢大夫也是行奚然對曰臣摶不知也簡子曰吾聞之子與友親子而不知何也摶曰其爲人也數變其十五年也廉以不匿其過其二十也仁以喜義其三十也爲晉中軍尉勇以喜仁其年五十也

爲邊城將遠者復親今臣不見五年矣恐其變

是以不敢知簡子曰果賢大夫也每變益上矣

說苑卷第十一

說苑卷第四

鴻嘉四年三月己亥護左都水使者光祿大夫臣劉向上

立節

士君子之有勇而果於行者不以立節行義而以妄死非名豈不痛哉士有殺身以成仁觸害以立義倚於節理而不議死地故能身死名流於來世非有勇斷孰能行之子路曰不能勤苦不能恬貧窮不能輕死士而曰我能行義吾不信也昔者申包胥立於秦庭七日七夜哭不絕

聲遂以存楚不能勤苦安能行此曾子布衣緼袍未得完糟糠之食藜藿之羹未得飽義不合則辭上卿不恬貧窮安能行此比干將死而諫逾忠伯夷叔齊餓死于首陽而志逾彰不輕死亡安能行此故夫士欲立義行道毋論難易而後能行之立身著名無顧利害而後能成之詩曰彼其之子碩大且篤非良篤脩激之君子其誰能行之哉王子比干殺身以成其忠尾生殺身以成其信伯夷叔齊殺身以成其廉此四子者

說苑卷第四

鴻嘉四年三月己亥護左都水使者光祿大夫臣劉向上

立節

士君子之有勇而果於行者不以立節行義而以妄死非名豈不痛哉士有殺身以成仁觸害以立義倚於節理而不議死地故能身死名流於來世非有勇斷孰能行之子路曰不能勤苦不能恬貧窮不能輕死士而曰我能行義吾不信也昔者申包胥立於秦庭七日七夜哭不絕

老の一葉白いり
尾生殺身以成其信　宋廿二刂本同亦脱　雜業本

行此曾子布衣緼
裘未得飽義不合
比干將死而諫逾
逾彰不輕死亡
毋論難易而後
後能成之詩曰
涌瀞之君子其誰
其忠尾生殺身
其廉此四子者

皆天下之通士也豈不愛其身哉以爲夫義之
不立名之不著是士之耻也故殺身以遂其行
因此觀之卑賤貧窮非士之耻也夫士之所耻
者天下舉忠而士不與焉舉信而士不與焉舉
廉而士不與焉三者在乎身名傳於後世與日
月並而不息雖無道之世不能污焉然則非好
死而惡生也非惡富貴而樂貧賤也由其道遵
其理尊貴及己士不辭也孔子曰富而可求雖
執鞭之士吾亦爲之富而不可求從吾所好大

聖之操也詩云我心匪石不可轉也我心匪席
不可卷也言不失己也能不失己然後可與濟
難矣此士君子之所以越衆也
楚伐陳陳西門燔因使其降民脩之孔子過之
不軾子路曰禮過三人則下車過二人則軾今
陳脩門者人數衆矣夫子何爲不軾孔子曰丘
聞之國亡而不知不智知而不爭不忠忠而不
死不廉今陳脩門者不行一於此丘故不爲軾也
孔子見齊景公景公致廩丘以爲養孔子辭不

晏出謂弟子曰吾聞君子當功以受祿今說景
公景公奉之行而賜我廩丘其不知丘亦甚矣
遂辭而行

曾子衣弊衣以耕魯君使人往致邑焉曰請以
此脩衣曾子不受反復往又不受使者曰先生
非求於人人則獻之奚爲不受曾子曰臣聞之
受人者畏人予人者驕人縱予有賜不我驕也
我能勿畏乎終不受孔子聞之曰參之言足以
全其節也

子思居於衛縕袍無表二旬而九食田子方聞之使人遺狐白之裘恐其不受因謂之曰吾假人遂忘之吾與人也如棄之子思辭而不受子方曰我有子無何故不受子思曰伋聞之妄與不如遺棄物於溝壑伋雖貧也不忍以身爲溝壑是以不敢當也

宋襄公兹父爲桓公太子桓公有後妻子曰公子目夷公愛之兹父爲公愛之也欲立之請於公曰請使目夷立臣爲之相以佐之公曰何

故也對曰臣之舅在衛衛愛臣若終立則不可以往絶迹於衛是背母也且臣自知不足以處目夷之上公不許彊以請公公許之將立公子目夷目夷辭曰兄立而弟在下是其義也今弟立而兄在下不義也不義而使目夷爲之目夷將逃乃逃之衛兹父從之三年桓公有疾使人召兹父若不來是使我以憂死也兹父乃反公復立之以爲太子然後目夷歸也

晉驪姬譖太子申生於獻公獻公將殺之公子

重耳謂申生曰爲此者非子之罪也子胡不進
辭辭之必免於罪申生曰不可我辭之驪姬必
有罪矣吾君老矣微驪姬寢不安席食不甘味
如何使吾君以恨終哉重耳曰不辭則不若速
去矣申生曰不可去而免於死是惡吾君也夫
彰父之過而取笑諸侯孰肯内之入困於宗出
困於逃是重吾惡也吾聞之忠不暴君智不重
惡勇不逃死如是者吾以身當之遂伏劒死君
子聞之曰天命矣夫世子詩曰萋兮斐兮成是

具錄彼諸人者亦已太甚晉獻公之時有士焉曰狐突傅太子申生公立驪姬爲夫人而國多憂狐突稱疾不出六年獻公以譖誅太子太子將死使人謂狐突曰吾君老矣國家多難傅一出以輔吾君吾受賜以死不恨再拜稽首而死狐突乃復事獻公三年獻公卒狐突辭於諸大夫曰突受太子之詔今事終矣與其久生亂世也不若死而報太子乃歸自殺

楚平王使奮揚殺太子建未至而遣之太子奔

宋王召畜揚使臧父人執之以至王曰言出於予口入於爾耳誰告是也對曰臣告之王初命臣曰事違如事命子不佞不能貳也奉初以還故遣之已而悔之亦無及也王曰而敢來何也對曰使而失命召而不來是重過也逃無所入王乃赦之

晉靈公暴趙宣子驟諫靈公患之使鉏之彌賊之鉏之彌晨往則寢門闢矣宣子盛服將朝尚早坐而假寐之彌退歎而言曰不忘恭敬民之

公之時有士焉
爲夫人而國多
譖誅太子太子
國家多難傳一
很再拜稽首而
乎孤突辭於諸
矣與其久生乱
殺
而遣之太子奔

宋王召奮揚使城父人執之以至王曰言出於予口入於爾耳誰言建也對曰臣告之王初命臣曰事建如事余子不佞不能貳也奉初以還故遣之已而悔之亦無及也王曰而敢來何也對曰使而失命召而不來是重過也逃無所入王乃赦之

晉靈公暴趙宣子驟諫靈公患之使鉏之彌賊之鉏之彌晨往則寢門闢矣宣子盛服將朝尚早坐而假寢之彌退歎而言曰不忘恭敬民之

是賊民之主不忠棄君之命不信有一於此
不如死也遂觸槐而死

齊人有子蘭子者事白公勝勝將爲難乃告子蘭子曰吾將舉大事於國願與子共之子蘭子曰我事子而與子殺君是助子之不義也畏患而去子是遁子於難也故不與子殺君以成吾義契領於庭以遂吾行

楚有士申鳴者在家而養其父孝聞於楚國王欲授之相申鳴辭不受其父曰王欲相汝汝何

不受乎申鳴對曰舍父之孝子而為王之忠臣何也其父曰使有禄於國立義於庭汝樂吾無憂矣吾欲汝之相也申鳴曰諾遂入朝楚王因授之相居三年白公為亂殺司馬子期申鳴將往死之父止之曰棄父而死其可乎申鳴曰聞夫仕者身歸於君而禄歸於親今既去父事君得無死其難乎遂辭而往因以兵圍之白公謂石乞曰申鳴者天下之勇士也今以兵圍我吾為之奈何石乞曰申鳴者天下之孝子也往劫

是賊民之主不忠棄君之命不信有一於此不如死也遂觸槐而死

齊人有子蘭子者事白公勝勝將為難乃告子蘭子曰吾將舉大事於國願與子共之子蘭子曰我事子而與子殺君是助子之不義也畏患而去子是遁子於難也故不與子殺君以成吾義契領於庭以遂吾行

楚有士申鳴者在家而養其父孝聞於楚國王欲授之相申鳴辭不受其父曰王欲相汝汝何

巻の六壹紙ニ入リ
去父ニ来サリ本キ子

而為王之忠臣
於庭湊樂吾無
遂入朝楚王因
馬子期申鳴將
可乎申鳴曰聞
今既去父事君
兵圍之白公謂
今以兵圍我吾
之孝子也往劫

其父以兵申鳴聞之必來因與之語白公曰善
則往取其父持之以兵告申鳴曰子與吾吾與
子分楚國之子不與吾子父則死矣申鳴流涕
而應之曰始吾父之孝子也今吾君之忠臣也
吾聞之也食其食者死其事受其祿者畢其能
今吾已不得爲父之孝子矣乃君之忠臣也吾
何得以全身援桴鼓之遂殺白公其父亦死王
賞之金百斤申鳴曰食君之食避君之難非忠
臣也定君之國殺臣之父非孝子也名不可兩

立行不可兩全也如是而生何面目立於天下
遂自殺也
齊莊公且伐莒爲車五乘之賓而杞梁華舟獨
不與焉故歸而不食其母曰汝生而無義死而
無名則雖非五乘孰不汝笑也汝生而有義死
而有名則五乘之賓盡汝下也趣食乃行杞梁
華舟同車侍於莊公而行至莒莒人逆之杞梁
華舟下鬬獲甲首三百莊公止之曰子止與子
同齊國杞梁華舟曰君爲五乘之賓而舟梁不

與焉是少吾勇也臨敵涉難止我以利是汚吾
行也深入多殺者臣之事也齊國之利非吾所
知也遂進鬭壞軍陷陣三軍弗敢當至莒城下
莒人以炭置地二人立有間不能入隰侯重爲
右曰吾聞古之士犯患涉難者其去遂於物也
來吾踰子隰侯重仗楯伏炭二子乘而入顛而
哭之華舟後息杞梁曰汝無勇乎何哭之久也
華舟曰吾豈無勇哉是其勇與我同也而先吾
死是以哀之莒人曰子毋死與子同莒國杞梁

華舟曰去國歸敵非忠臣也去長受賜非正行也且鷄鳴而期日中而忘之非信也深入多殺者臣之事也莒國之利非吾所知也遂進鬭殺二十七人而死其妻聞之而哭城爲之阤而隅爲之崩此非所以起也

越甲至齊雍門子狄請死之齊王曰鼓鐸之聲未聞矢石未交長兵未接子何務死之爲人臣之禮邪雍門子狄對曰臣聞之昔者王田於囿左轂鳴車右請死之而王曰子何爲死車右對

曰爲其鳴吾君也王曰左轂鳴者工師之罪也子何事之有焉車右曰臣不見工師之乘而見其鳴吾君也遂刎頸而死知有之乎齊王曰有之雍門子狄曰今越甲至其鳴吾君也豈左轂之下哉車右可以死左轂而臣獨不可以死越甲也遂刎頸而死是日越人引甲而退七十里曰齊王有臣鈞如雍門子狄擬使越社稷不血食遂引甲而歸齊王葬雍門子狄以上卿之禮楚人將與吳人戰楚兵寡而吳兵衆楚將軍子

囊曰我擊此國必敗辱君虧地忠臣不忍爲也不復於君黜兵而退至於國郊使人復於君曰臣請死君曰子大夫之遁也以爲利也而今誠利子大夫毋死子囊曰遁者無罪則後世之爲君臣者皆入不利之名而効臣遁若是則楚國終爲天下弱矣臣請死退而伏劍君曰誠如此請成子大夫之義乃爲桐棺三寸加斧鑕其上以徇於國

宋康公攻阿屠單父成公趙曰始吾不自知以

卷七の九葉より

二△師 宋本作工 吳本工

爲者工師之罪也

見二師之乘而見

有之乎齊王曰有

爲吾君也豈左轂

臣獨不可以死越

介甲而退七十里

僕使越社稷不血

子狄之上卿之禮

吳兵衆楚將軍子

囊曰我擊此國必敗辱君虧地忠臣不忍爲也
不復於君黜兵而退至於國郊使人復於君曰
臣請死君曰子大夫之遁也以爲利也而今誠
利子大夫毋死子囊曰遁者無罪則後世之爲
君臣者皆入不利之名而効臣遁若是則楚國
終爲天下弱矣臣請死退而伏劍君曰誠如此
請成子大夫之義乃爲桐棺三寸加斧質其上
以徇於國

宋康公攻阿屠單父成公趙曰始吾不自知以

爲在千乘則萬乘不敢伐在萬乘則天下不敢
圖今趙在阿而宋屠單父則是趙無以自立也
且往誅宋趙遂入宋三月不得見或曰何不因
鄰國之使而見之成公趙曰不可吾因鄰國之
使而刺之則使後世之使不信荷節之信不用
皆曰趙使之然也不可或曰何不因群臣道徒
處之士而刺之成公趙曰不可吾因群臣道徒
處之士而刺之則後世之忠臣不見信辨士不
見顧皆曰趙使之然也不可吾聞古之士怒則

思理免不忘義必將正行以求之耳暮年宋康公病死成公趙曰廉士不辱名信士不惰行今吾在阿宋屠單父是辱名也事誅宋王暮年不得是惰行也吾若是而生何面目而見天下之士遂立槁於彭山之上

拂肸用中牟之縣畔設禄邑炊鼎曰與我者受邑不與我者其烹中年之士皆與之城北餘子田基獨後至祛衣將入鼎曰基聞之義者軒冕在前非義弗乘斧鉞於後義死不避遂祛衣將

卷四 十三葉九行 行 辨 宋廿一行本

先顧 宋廿一行本 見 辯

萬乘則天下不敢
是趙無以自立也
得見或曰何不因
不可吾因鄰國之
信荷節之信不用
何不因群臣道徒
可吾因群臣道徒
臣不見信辯士不
吾聞古之士怒則

思理危不忘義必將正行以求之耳朞年宋康公病死成公趙曰廉士不辱名信士不惰行今吾在阿宋屠單父是辱名也事誅宋王朞年不得是惰行也吾君是而生何面目而見天下之士遂立槁於彭山之上

拂肸用中年之縣畔設祿邑炊鼎曰與我者受邑不與我者其烹中年之士皆與之城北餘子田基獨後至袪衣將入鼎曰基聞之義者軒冕在前非義弗乘斧鉞於後義死不避遂袪衣將

入鼎，拂肸播而之。趙簡子屠中牟，得而取之，論
有功者，用田基為始。田基曰：「吾聞廉士不耻人，
如此而受中牟之功，則中牟之士終身慙矣。」襁
負其母，南徙於楚。楚王高其義，待以司馬。
齊崔杼弑莊公，邢蒯聵使晉而反，其僕曰：「崔杼
弑莊公，子將奚如？」邢蒯聵曰：「驅之，將入死而報
君。」其僕曰：「君之無道也，四鄰諸侯莫不聞也。以
夫子而死之，不亦難乎？」刑蒯聵曰：「善能言也，然
亦晚矣。子早言我，我能諫之；諫不聽，我能去。今

三百十三

既不諫又不去吾聞食其祿者死其事吾既食亂君之祿矣又安得治君而死之遂驅車入死其僕曰人有亂君人猶死之我有治長可毋死乎乃結轡自刎於車上君子聞之曰刑蒯聵可謂守節死義矣死者人之所難也僕夫之死也雖未能合義然亦有志士之意矣詩云夙夜匪懈以事一人邢生之謂也孟子曰勇士不忘喪其元僕夫之謂也

燕昭王使樂毅伐齊閔王亡燕之初入齊也聞

蓋邑人王歜賢，令於曰：「環蓋三十里毋入。」以歜之故。已而使人謂歜曰：「齊人多高子之義，吾以子爲將，封子萬家。」歜固謝。燕人曰：「子不聽，吾引三軍而屠蓋邑。」王歜曰：「忠臣不事二君，貞女不更二夫。齊王不聽吾諫，故退而耕於野。國既破亡，吾不能存；今又劫之以兵爲君將，是助桀爲暴也。與其生而無義，固不如烹。」遂縣其軀於樹枝，自奮絕脰而死。齊亡大夫聞之曰：「王歜布衣，義猶不背齊向燕，況在位食祿者乎！」乃相聚

如莒求諸公子立爲襄王
左儒友於杜伯皆臣周宣王宣王將殺杜伯而
非其罪也左儒爭之于王九復之而王弗許也
王曰別君而異友斯汝也左儒對曰臣聞之君
道友逆則順君以誅友友道君逆則率友以違
君王怒曰易而言則生不易而言則死左儒對
曰臣聞古之士不枉義以從死不易言以求生
故臣能明君之過以死杜伯之無罪王殺杜伯
左儒死之

巻の十二葉　十行メ　こより
口　宋せこり本　軍　固　謝へ　宋せこり本　多
燕人に　燕人曰

三十里毋入以
多高子〃之義吾
人曰子不聽吾
不事二君貞女
而耕於野國旣
為君將是助桀
暴遂縣其軀於
聞之曰王蠋布
祿者乎乃相聚

巻四 十二葉ヨミリ 十二葉ウミリ

王將殺杜伯而
之而王弗許也
對曰臣聞之君
過則率友以違
言則死左儒對
不易言以求生
無罪王殺杜伯

莒穆公有臣曰朱厲附事穆公不見識焉冬處
於山林食杼栗夏處洲澤食蔆藕穆公以難死
朱厲附將往死之其友曰子事君而不見識焉
今君難吾子死之意者其不可乎朱厲附曰始
我以爲君不吾知也今君死而我不死是果不
知我也吾將死之以激天下不知其臣者遂往
死之

楚莊王獵於雲夢射科雉得之申公子倍攻而
奪之王將殺之大夫諫曰子倍自好也爭王雉

必有說王姑察之不出三月子倍病而死邲之戰楚大勝晉歸而賞功申公子倍之弟進請賞於王曰人之有功也賞於車下王曰奚謂也對曰臣之兄讀故記曰射科雉者不出三月必死臣之兄爭而得之故夭死也王命發乎府而視之於記果有焉乃厚賞之

說苑卷第四

說苑卷第五

鴻嘉四年三月己亥護左都水使者光禄大夫臣劉向上

貴德

聖人之於天下百姓也其猶赤子乎饑者則食之寒者則衣之將之養之育之長之唯恐其不至於大也詩曰蔽芾甘棠勿翦勿伐召伯所茇傳曰自陝以東者周公主之自陝以西者召公主之召公述職當桑蠶之時不欲變民事故不入邑中舍于甘棠之下而聽斷焉陝間之人皆

得其所是故後世思而歌詠之善之故言之言
之不足故嗟嘆之嗟嘆之不足故詠歌之夫詩
思然後積積然後滿滿然後發發由其道而致
其位爲百姓歎其美而致其敬甘棠之不伐也
政教惡乎不行孔子曰吾於甘棠見宗廟之敬
也甚尊其人必敬其位順安萬物古聖之道幾
哉仁人之德教也誠惻隱於中悃愊於內不能
已於其心故其治天下也如救溺人見天下強
陵弱衆暴寡幼孤羸露死傷係虜不忍其然是

光祿大夫臣劉向上

亦子乎饑者則食
之長之唯恐其不
勿勿伐召伯所茇
陝以西者召公
不欲變民事故不
國為陝間之人皆

朱彦 名

卷五 二葉ウより
悃愊 宋ザラ本 愊
ウ九ウ
[illegible] 宋ザラ本 [illegible]

善之故言之言
故詠歌之夫詩
發由其道而致
甘棠之不伐也
棠見宗廟之敬
物古聖之道幾
悃愊於内不能
溺人見天下強
係虜不忍其然是

以孔子歷七十二君冀道之一行而得施其德使民生於全育烝庶安土萬物熙熙各樂其終卒不遇故睹麟而泣哀道不行德澤不洽於是退作春秋明素王之道以示後人思施其恩未嘗輟忘是以百王尊之志士法焉誦其文章傳今不絕德及之也詩曰載馳載驅周爰咨謀此之謂也

聖王布德施惠非求報於百姓也郊望禘嘗非求報於鬼神也山致其高雲雨起焉水致其深

蛟龍生焉君子致其道德而福祿歸焉夫有陰德者必有陽報有隱行者必有昭名古者溝防不修水爲人害禹鑿龍門闢伊闕平治水土使民得陸處百姓不親五品不遜契教以君臣之義父子之親夫婦之辨長幼之序田野不脩民食不足后稷教之闢地墾草糞土樹穀令百姓家給人足故三后之後無不王者有陰德也周室衰禮義廢孔子以三代之道教導於後世繼嗣至今不絕者有隱行也周頌曰豐年多黍多

稌亦有高廩萬億及秭為酒為醴烝畀祖妣以洽百禮降福孔偕禮記曰上牲損則用下牲下牲損則祭不備物以其舛之為不樂也故聖人之於天下也譬猶一堂之上也今有滿堂飲酒者有一人獨索然向隅而泣則一堂之人皆不樂矣聖人之於天下也譬猶一堂之上也有一人不得其所者則孝子不敢以其物薦進

魏武侯浮西河而下中流顧謂吳起曰美哉乎河山之固也此魏國之寶也吳起對曰在德不

在險者三苗氏左洞庭右彭蠡德義不修而禹
滅之夏桀之居左河濟右太華伊闕在其南羊
腸在其北修政不仁湯放之殷紂之國左孟門
而右太行常山在其北大河經其南修政不德
武王伐之由此觀之在德不在險若君不修德
船中之人盡敵國也武侯曰善
武王克殷召太公而問曰將奈其士衆何太公
對曰臣聞愛其人者兼屋上之烏憎其人者惡
其餘胥咸劉厥敵使靡有餘何如王曰不可太

稌亦有高廩萬億及秭爲酒爲醴烝畀祖妣以洽百禮降福孔偕禮記曰上牲損則用下牲下牲損則祭不備物以其舛之爲不樂也故聖人之於天下也譬猶一堂之上也今有滿堂飲酒者有一人獨索然向隅而泣則一堂之人皆不樂矣聖人之於天下也譬猶一堂之上也有一人不得其所者則孝子不敢以其物薦進

魏武侯浮西河而下中流顧謂吳起曰美哉乎河山之固也此魏國之寶也吳起對曰在德不

德義不修而禹
伊闕在其南羊
紂之國左孟門
其南修政不德
險若君不修德
其士衆何太公
烏憎其人者惡
何如王曰不可太

公出邵公入王曰爲之奈何邵公對曰有罪者殺之無罪者活之何如王曰不可邵公出周公入王曰爲之奈何周公曰使各居其宅田其田無變舊新唯仁是親百姓有過在予一人武王曰廣大乎平天下矣凡所以貴士君子者以其仁而有德也

孔子曰里仁爲美擇不處仁焉得智夫仁者必恕然後行行一不義殺一無辜雖以得高官大位仁者不爲也夫大仁者愛近以及遠及其有

所不諧則虧小仁以就大仁大仁者恩及四海
小仁者止於妻子妻子者以其知營利以婦人
之恩撫之飾其内情雕畫其僞孰知其非眞雖
當時蒙榮然士君子以爲大辱故共工驩兜苻
里鄧析其智非無所識也然而爲聖王所誅者
以無德而苟利也豎刁易牙毀體殺子以干利
卒爲賊於齊故人臣不仁篡弑之亂生人臣而
仁國治主榮明主察焉宗廟太寧夫人臣猶貴
仁況於人主乎故桀紂以不仁失天下湯武以

公出邵公入王曰爲之奈何邵公對曰有罪者殺之無罪者活之何如王曰不可邵公出周公入王曰爲之柰何周公曰使各居其宅田其田無變舊新唯仁是親百姓有過在予一人武王曰廣大乎平天下矣凡所以貴士君子者以其仁而有德也

孔子曰里仁爲美擇不處仁焉得智夫仁者必恕然後行行一不義殺一無辜雖以得高官大位仁者不爲也夫大仁者愛近以及遠及其有

仁者恩及四海
其知營利以婦人
偽孰知其非真雖
爭故其王驩兜符
而爲聖王所誅者
致體殺子以干利
弑之亂生人臣而
太寧夫人臣猶貴
失天下湯武以

積德有海土是以聖王貴德而務行之孟子曰
推恩足以及四海不推恩不足以保妻子古人
所以大過人者無他焉善推其所有而已
晏子飲景公酒令器必新家老曰財不足請斂
於民晏子曰止夫樂者上下同之故天子與天
下諸侯與境內自大夫以下各與其僚無有獨
樂今上樂其樂下傷其費是獨樂者也不可
齊桓公北伐山戎氏其道過燕燕君迎而出境
桓公問管仲曰諸侯相逆固出境乎管仲曰非

天子不出境桓公曰然則燕君畏而失禮也寡
人不道而使燕君失禮乃割燕君所至之地以
與燕君諸侯聞之皆朝於齊詩云靖恭爾位好
是正直神之聽之介爾景福此之謂也
景公探爵鷇鷇弱故反之晏子聞之不待請而
入見景公汗出惕然晏子曰君胡爲者也景公
曰我探爵鷇鷇弱故反之晏子逡巡北面再拜
而賀曰吾君有聖王之道矣景公曰寡人入探
爵鷇鷇弱故反之其當聖王之道者何也晏子

八年五葉九行
相通　宋廿二行本　遂

九年五葉六行
壹是長　宋廿二行本　貴是

八葉
過燕　宋廿二行本　遇

迎　宋廿二行本　逆

而務行之孟子曰
人以保妻子古人
其所有而已
老曰財不足請歛
何之故天子與天
者與其僚無有獨
獨樂者也不可
燕燕君迎而出境
出境乎管仲曰非

天子不出境桓公曰然則燕君畏而失禮也寡人不道而使燕君失禮乃割燕君所至之地以與燕君諸侯聞之皆朝於齊詩云靖恭爾位好是正直神之聽之介爾景福此之謂也

景公探爵鷇鷇弱故反之晏子聞之不待請而入見景公汗出惕然晏子曰君胡為者也景公曰我探爵鷇鷇弱故反之晏子逡巡北面再拜而賀曰吾君有聖王之道矣景公曰寡人入探爵鷇鷇弱故反之其當聖王之道者何也晏子

對曰君探爵鷇鷇弱故反之是長幼也吾君仁
愛禽獸之加焉而況於人乎此聖王之道也
景公覩嬰兒有乞於塗者公曰是無歸夫晏子
對曰君存何爲無歸使養之可立而以聞
景公遊於壽宮覩長年負薪而有饑色公悲之
喟然歎曰令吏養之晏子曰臣聞之樂賢而哀
不肖守國之本也今君愛老而恩無不逮治國
之本也公笑有喜色晏子曰聖王見賢以樂賢
見不肖以哀不肖今請求老弱之不養鰥寡之

不室者論而供秩焉景公曰諾於是老弱有養

鰥寡有室

桓公之平陵見家人有年老而自養者公問其故對曰吾有子九人家貧無以妻之吾使傭而未返也桓公取外御者五人妻之管仲入見曰公之施惠不亦小矣公曰何也對曰公待所見而施惠焉則齊國之有妻者少矣公曰若何管仲曰令國丈夫二十而室女子十五而嫁

孝宣皇帝初即位守建尉吏路溫舒上書言尚

老年しい要あこり故反こり人り途ミりのり使養なり年負ふり晏子
なり愛

老者饑こ字なり飢こ字せりこ字

是長幼也吾君仁
此聖王之道也
曰是無歸夫晏子
可立而以聞
新而有饑色公悲之
臣聞之樂賢而哀
而恩無不逮治國
聖王見賢以樂賢
弱之不養鰥寡之

卷五 六葉 四 三行
凌 宋廿二行本 陵 達 宋廿二行本 逵

於是老弱有養

自養者公問其
妻之吾使傭而
之筦仲入見曰
對曰公待所見
矣公曰若何筦
十五而嫁
温舒上書言尚

黃刊

德緩刑其詞曰陛下初即以至尊與天合符宜改
前世之失正始受之統滌煩文除民疾存亡繼
絶以應天德天下幸甚臣聞秦有十失其
一尚存治獄吏是也昔秦之時滅文學好武勇
賤仁義之士貴治獄之吏正言謂之誹謗謁過
謂之妖言故盛服先生不用於世忠良切言皆
鬱於胸譽諛之聲日滿於耳虛美薰心實禍蔽
塞此乃秦之所以亡天下也方今海內賴陛下
厚恩無金革之危饑寒之患父子夫婦戮力安

家天下幸甚然太平之未洽者獄亂之也夫獄
天下之命死者不可生斷者不可屬書曰與其
殺不辜寜失不經今治獄吏則不然上下相驅
以刻爲明深者獲公名平者多後患故治獄吏
皆欲人死非憎人也自安之道在人之死是以
死人之血流離於市被刑之徒比肩而立大辟
之計歲以萬數此聖人所以傷太平之未洽凡
以是也人情安則樂生痛則思死棰楚之下何
求而不得故囚人不勝痛則飾誣詞以示之吏

乙丑此七葉都ノ
錢四千二百文本
凱

與天合符宜改
除民疾存亡繼
者秦有十失其
滅文學好武勇
謂之誹謗謁過
世忠良切言皆
虛美薰心實禍蔽
令海内賴陛下
父子夫婦戮力安

家天下幸甚然太平之未洽者獄亂之也夫獄天下之命死者不可生斷者不可屬書曰與其殺不辜寧失不經今治獄吏則不然上下相驅以刻爲明深者獲公名平者多後患故治獄吏皆欲人死非憎人也自安之道在人之死是以死人之血流離於市被刑之徒比肩而立大辟之計歲以萬數此聖人所以傷太平之未洽凡以是也人情安則樂生痛則思死棰楚之下何求而不得故囚人不勝痛則飾誣詞以示之吏

治者利其然則指道以明之上奏恐却則鍛鍊而周内之蓋奏當之成雖皐陶聽之猶以爲死有餘罪何則成鍊之者衆而文致之罪明也是以獄吏專爲深刻殘賊而無理偷爲一切不顧國患此世之大賊也故俗語云畫地作獄議不可入刻木爲吏期不可對此皆疾吏之風悲痛之辭也故天下之患莫深於獄敗法亂政離親塞道莫甚乎治獄之吏此臣所謂一尚存也臣聞烏鳶之卵不毀而後鳳凰集誹謗之罪不誅

而後良言進故傳曰山藪藏疾川澤納汚國君
含垢天之道也臣昧死上聞願陛下察誹謗聽
切言開天下之口廣箴諫之路改亡秦之一失
遵文武之嘉德省法制寬刑罰以廢煩獄則太
平之風可興於世福履和樂與天地無極天下
幸甚書奏皇帝善之後卒爲臨淮太守
晉平公春築臺叔向曰不可古者聖王貴德而
務施緩刑辟而趨民時今春築臺是奪民時
也夫德不施則民不歸刑不緩則百姓愁使不歸

上奏恐却則鍛錬
陶聽之猶以爲死
文致之罪明也是
理偷爲一切不顧
云畫地作獄議不
皆疾吏之風悲痛
獄敗法亂政離親
所謂一尚存也臣
集誹謗之罪不誅

疾川澤納汚國君
觀陛下察誹謗聽
路改士秦之一失
罰以癈煩獄則太
與天地無極天下
為臨淮太守
曰者聖王貴德而
築臺是奪民時
則百姓愁使不歸

之民役愁怨之百姓而又奪其時是重竭也夫牧百姓養育之而重竭之豈所以定命安存而稱爲人君於後世哉平公曰善乃罷臺役

趙簡子春築臺於邯鄲天雨而不息謂左右曰可無趨種乎尹鐸對曰公事急厝種而懸之臺夫雖欲趨種不能得也簡子惕然乃釋臺罷役曰我以臺爲急不如民之急也民以不爲臺故知吾之愛也中行獻子將伐鄭范文子曰不可得志於鄭諸侯讎我憂必滋長郤至又曰得鄭

是兼國也兼國則王王者固多憂乎文子曰王
者盛其德而遠人歸故無憂今我寡德而有王
者之功故多憂今子見無土而欲富者樂乎哉
季康子謂子游曰仁者愛人乎子游曰然人亦
愛之乎子游曰然康子曰鄭子產死鄭人丈夫
捨玦珮婦人舍珠珥夫婦巷哭三月不聞竽瑟
之聲仲尼之死吾不聞魯國之愛夫子奚也子
游曰譬子產之與夫子其猶浸水之與天雨乎
浸水所及則生不及則死斯民之生也必以時

其時是重竭也夫
所以定命安存而
害乃罷臺役
而不息謂左右曰
曆種而懸之臺
惕然乃釋臺罷役
也民以不爲臺故
鄭范文子曰不可
長郤至又曰得鄭

是兼國也兼國則王王者固多憂乎文子曰王
者盛其德而遠人歸故無憂今我寡德而有王
者之功故多憂今子見無土而欲富者樂乎哉
季康子謂子游曰仁者愛人乎子游曰然人亦
愛之乎子游曰然康子曰鄭子産死鄭人丈夫
捨玦珮婦人舍珠珥夫婦巷哭三月不聞竽瑟
之聲仲尼之死吾不聞魯國之愛夫子奚也子
游曰譬子産之與夫子其猶浸水之與天雨乎
浸水所及則生不及則死斯民之生也必以時

雨既以生莫愛其賜故曰譬子產之與夫子也
猶浸水之與天雨乎
中行穆子圍鼓鼓人有以城反者不許軍吏曰
師徒不勤可得城奚故不受曰有以吾城反者
吾所甚惡也人以城來我獨奚好焉賞所甚惡
是失賞也若所好何若不賞是失信也奚以示
民鼓人又諸降使人視之其民尚有食也不聽
鼓人告食盡力竭而後取之克鼓而反不戮
一人

孔子之楚有漁者獻魚甚強孔子不受獻魚者曰天暑遠市賣之不售思欲棄之不若獻之君子孔子再拜受使弟子掃除將祭之弟子曰夫人將棄之今吾子將祭之何也孔子曰吾聞之務施而不腐餘財者聖人也今受聖人之賜可無祭乎

鄭代宋宋人將與戰華元殺羊食士其御羊斟不與爲及戰曰疇昔之羊羹子爲政今日之事我爲政與華元馳入鄭師宋人敗績

巻子 十葉より

産之與夫子也

者不許軍吏曰
有以吾城反者
又好爲賞所甚惡
失信也奚以示
尙有食也不聽
鼓而反不戮

孔子不受獻魚者
業之不若獻之君
將祭之弟子曰夫
孔子曰吾聞之
受聖人之賜可
手食士其御羊斟
子爲政今日之事
敗績

楚王問莊辛曰君子之行奚何莊辛對曰居不爲垣墻人莫能毀傷行不從周衛人莫能暴害此君子之行也楚王復問君子之富奈何對曰君子之富假貸人不德也不責也其食飲人不使也不役也親戚愛之衆人喜之不肖者事之皆欲其壽樂而不傷於患此君子之富也楚王曰善

丞相西平侯于定國者東海下邳人也其父號曰于公爲縣獄吏決曹掾決獄平法未嘗有所

寃郡中離文法者于公所決皆不敢隱情東海
郡中爲于公生立祠命曰于公祠東海有孝婦
無子少寡養其姑甚謹其姑欲嫁之終不肯其
姑告鄰之人曰孝婦養我甚謹我哀其無子守
寡日久我老累丁壯柰何其後母自經死母女
告吏曰孝婦殺我母吏捕孝婦孝婦辭不殺姑
吏欲毒治孝婦自誣服具獄以上府于公以爲
養姑十年以孝聞此不殺姑也太守不聽數爭
不能得於是于公辭疾去吏太守竟殺孝婦郡

中枯旱三年後太守至卜求其故于公曰孝婦不當死前太守強殺之咎當在此於是殺牛祭孝婦冢太守以下自至焉天立大雨歲豐熟郡中以此益敬重于公于公築治廬舍謂匠人曰爲我高門我治獄未嘗有所冤我後世必有封者令容高蓋駟馬車及子封爲西平侯

孟簡子相梁并衛有罪而走齊管仲迎而問之曰吾子相梁并衛之時門下使者幾何人矣孟簡子曰門下使者有三千餘人管仲曰今與幾何

人來對曰臣與三人俱仲曰是何也對曰其一
人父死無以葬我爲葬之一人母死無以葬亦
爲葬之一人兄有獄我爲出之是以得三人來
管仲上車曰嗟兹乎我窮必矣吾不能以春風
風人吾不能以夏雨雨人吾窮必矣
凡人之性莫不欲善其德然而不能爲善德者
利敗之也故君子羞言利名言利名尚羞之況
居而[illegible]利者也
周天子使家父毛伯求金於諸侯春秋譏之

天子好利則諸侯貪諸侯貪則大夫鄙大夫鄙則庶人盜上之變下猶風之靡草也故爲人君者明貴德而賤利以道下下之爲惡尚不可止今隱公貪利而身自漁濟上而行八佾以此化於國人國人安得不解於義解於義而縱其欲則災害起而臣下僻矣故其元年始書螟言災將起國家將亂云爾

孫卿曰夫闘者忘其身者也忘其親者也忘其君者也行須臾之怒而闘終身之禍然乃爲之

是忘其身也家室離散親戚被戮然乃爲之是忘其親也君上之所致刑法之所大禁也然乃犯之是忘其君也今禽獸猶知近父母不忘其親也人而忘其身内忘其親上忘其君是不若禽獸之仁也凡鬬者皆自以爲是而以他人爲非己誠是也人誠非也則是己君子而彼小人也夫以君子而與小人相賊害是人之所謂以狐白補犬羊身塗其炭豈不過甚矣哉以爲智乎則愚莫大焉以爲利乎則害莫大焉以爲榮

天子好利則諸侯貪諸侯貪則大夫鄙大夫鄙則庶人盜上之變下猶風之靡草也故爲人君者明貴德而賤利以道下下之爲惡尚不可止今隱公貪利而身自漁濟上而行八佾以此化於國人國人安得不解於義解於義而縱其欲則災害起而臣下僻矣故其元年始書螟言災將起國家將亂云爾

孫卿曰夫鬭者忘其身者也忘其親者也忘其君者也行須臾之怒而鬭終身之禍然乃爲之

卷子十三第四行

致刑 第廿行本 惡 吳本惡

戮然乃爲之是所大禁也然乃近父母不忘其忘其君是不若是而以他人爲君子而彼小人是人之所謂以甚矣哉以爲智莫大焉以爲榮

乎則辱莫大焉人之有鬪何哉比之狂惑疾病
乎則不可面目人也而好惡多同人之鬪誠愚
惑失道者也詩云式號式呼俾作夜言鬪行也
子路持劒孔子問曰由安用此乎子路曰善古
者固以善之不善古者固以自衛孔子曰君子
以忠為質以仁為衛不出環堵之內而聞千里
之外不善以忠化寇暴以仁圍何必持劒乎子
路曰由也請攝齊以事先生矣
樂羊為魏將以攻中山其子在中山中山懸其

子亦樂羊樂羊不爲衰志攻之愈急中山因烹其子而遺之樂羊食之盡一杯中山見其誠也不忍與其戰果下之遂爲魏文侯開地文侯賞其功而疑其心孟孫獵得麑使秦西巴持歸其毋隨而鳴秦西巴不忍縱而與之孟孫怒而逐秦西巴居一年召以爲太子傅左右曰夫秦西巴有罪於君今以爲太子傅何也孟孫曰夫以一麑而不忍又將能忍吾子乎故曰巧詐不如拙誠樂羊以有功而見疑秦西巴以有罪而益信

悠本古葉ニリ
伸佩 宋廿行本 畫 吳本 上畫

比之狂惑疾病
同人之鬭誠愚
作夜言鬭行也
乎子路曰善古
衛孔子曰君子
之内而鬬乎里
何必持劒乎子

中山中山縣其

子亦樂羊樂羊不為衰志攻之愈急中山因烹其子而遺之樂羊食之盡一杯中山見其誠也不忍與其戰果下之遂為魏文侯開地文侯賞其功而疑其心孟孫獵得麑使秦西巴持歸其母隨而鳴秦西巴不忍縱而與之孟孫怒而逐秦西巴居一年召以為太子傅左右曰夫秦西巴有罪於君今以為太子傅何也孟孫曰夫以一麑而不忍又將能忍吾子乎故曰巧詐不如拙誠樂羊以有功而見疑秦西巴以有罪而益信

信由仁與不仁也
智伯還自衛三卿讌于藍臺智襄子戲韓康子
而侮段規智伯國聞之諫曰主弗備難難必至
曰難將由我我不爲難誰敢興之對曰異於是
夫郤氏有車轅之難趙有孟姬之讒欒有叔祁
之訴范中行有函冶之難皆主之所知也夏書
有之曰一人三失怨豈在明不見是圖周書有
之曰怨不在大亦不在小夫君子能勤小物故
無大患今主一讌而媿人君相又弗備曰不敢

興難毋乃不可乎嘻不可不懼蚋蟻蜂蠆皆能害人況君相乎不聽自是五年而有晉陽之難叚規反而殺智伯于師遂滅智氏

智襄子爲室美士茁夕焉智伯曰室美矣夫對曰美則美矣抑臣亦有懼也智伯曰何懼對曰臣以秉筆事君記有之曰高山浚源不生草木松柏之地其土不肥今土太勝人臣懼其不安人也室成三年而智氏亡

說苑卷第五

卷廿葉十

信家廿七年本不重

日天本不重

襄子戲韓康子
弗備難難必至
之對曰異於是
之讒欒有叔祁
之所知也夏書
見是圖周書有
子能勤小物故
又弗備曰不敢

蚋蟻蜂蠆皆能

而有晉陽之難

氏

曰室美矣夫對

伯曰何懼對曰

浚源不生草木

人臣懼其不安

說苑卷第六

鴻嘉四年三月己亥護左都水使者光禄大夫臣劉向上

復恩

孔子曰德不孤必有鄰夫施德者貴不德受恩者尚必報是故臣勞勤以爲君而不求其賞君持施以牧下而無所德故易曰勞而不怨有功而不德厚之至也君臣相與以市道接君懸禄以待之臣竭力以報之逮臣有不測之功則主加之以重賞如主有超異之恩則臣必死以復

之孔子曰北方有獸其名曰蟨前足鼠後足兔是獸也甚矣其愛蛩蛩巨虛也食得甘草必齧以遺蛩蛩巨虛蛩蛩巨虛見人將來必負蟨以走蟨非性之愛蛩蛩巨虛也爲其假足之故也二獸者亦非性之愛蟨也爲其得甘草而遺之故也夫禽獸昆蟲猶知比假而相有報也况於士君子之欲興名利於天下者乎夫臣不復君之恩而苟營其私門禍之原也君不能報臣之功而憚行賞者亦亂之基也夫禍亂之源基由

卷六 二葉ハリ
違臣 宋廿二行本 遠

光祿大夫臣劉向

者貴不德受恩
而不求其賞君
勞而不怨有功
而道接君懸祿
不測之功則主加
則臣必死以復

之孔子曰北方有獸其名曰蟨前足鼠後足兎是獸也甚矣其愛蛩蛩巨虚也食得甘草必齧以遺蛩蛩巨虚蛩蛩巨虚見人將來必負蟨以走蟨非性之愛蛩蛩巨虚也爲其假足之故也二獸者亦非性之愛蟨也爲其得甘草而遺之故也夫禽獸昆蟲猶知比假而相有報也况於士君子之欲興名利於天下者乎夫臣不復君之恩而苟營其私門禍之原也君不能報臣之功而憚行賞者亦亂之基也夫禍亂之源基由

不報恩生矣

趙襄子見圍於晉陽罷圍賞有功之臣五人高赫無功而受上賞五人皆怒張孟談謂襄子曰晉陽之中赫無大功今與之上賞何也襄子曰吾在拘厄之中不失臣主之禮唯赫也子雖有功皆驕寡人與赫上賞不亦可乎仲尼聞之曰趙襄子可謂善賞士乎賞一人而天下之人臣莫敢失君臣之禮矣

晉文公亡時陶叔狐從文公反國行三賞而不

及陶叔狐陶叔狐見咎犯曰吾從君而亡十有三年顏色黎黑手足胼胝今君反國行三賞而不及我也意者君忘我與我有大故與子試爲我言之君咎犯言之文公文公曰嘻我豈忘是子哉夫高明至賢德行全誠耽我以道説我以仁暴浣我行昭明我名使我爲成人者吾以爲上賞防我以禮諫我以義蕃援我使我不得爲非數引我而請於賢人之門吾以爲次賞夫勇壯強禦難在前則居前難在後則居後免我於

卷六以二葉九行
從宋本補從

具有功之臣五人高
張孟談謂襄子曰
賞何也襄子曰
禮唯赫也子雖有
可乎仲尼聞之曰
一人而天下之人臣
反國行三賞而不

卷六 二葉 以六り
日暮涗 系廿二り本 浣
援 以廿り 系廿七 本援
吳本援

吾從君而亡十有
君反國行三賞而
有大故與子試爲
公曰嘻我豈忘是
誠耽我以道說我以
爲成人者吾以爲
蕃援我使我不得爲
吾以爲次賞夫勇
在後則居後免我於

患難之中者吾又以爲之次且子獨不聞乎死人者不如存人之身亡人者不如存人之國三行賞之後而勞苦之士次之夫勞苦之士是子固爲首矣豈敢忘子哉周内史叔輿聞之曰文公其霸乎昔聖王先德而後力文公其當之矣詩云率禮不越此之謂也

晉文公入國至於河令棄籩豆茵席顏色黎黑手足胼胝者在後咎犯聞之中夜而哭文公曰吾亡也十有九年矣今將反國夫子不喜而哭

何也其不欲吾反國乎對曰籩豆茵席所以官
者也而棄之顏色黎黑手足胼胝所以執勞苦而
皆後之臣聞國君蔽士無所取忠臣大夫蔽遊
無所取忠友今至於國臣在所蔽之甲矣不勝
其哀故哭也文公曰禍福利害不與咎氏同之
者有如白水視之乃沉璧而盟介子推曰獻公
之子九人唯君在耳天未絕晉必將有主主晉
祀者非君而何唯二三子者以爲己力不亦誣
乎文公即位賞不及推推母曰盍亦求之推曰

尤而効之罪又甚焉且出怨言不食其食其母曰亦使知之推曰言身之文也身將隱安用文其母曰能如是與若俱隱至死不復見推從者憐之乃懸書宮門曰有龍矯矯頃失其所五蛇從之周徧天下龍饑無食一蛇割股龍反其淵安其壤土四蛇入穴皆有處所一蛇無穴號於中野文公出見書曰嗟此介子推也吾方憂王室未圖其功使人召之則亡遂求其所在聞其入緜上山中於是文公表緜上山中而封之以

爲介推田號曰介山
晉文公出亡周流天下舟之僑去虞而從焉文
公反國擇可爵而爵之擇可祿而祿之舟之僑
獨不與焉文公酌諸大夫酒酒酣文公曰二三
子盍爲寡人賦乎舟之僑進曰君子爲賦小人
請陳其辭辭曰有龍矯矯頃失其所一蛇從之
周流天下龍反其淵安寧其處一蛇耆乾獨不
得其所文公瞿然曰子欲爵邪請待旦日之期
子欲祿邪請今命廪人舟之僑曰請而得其賞

廉者不受也言盡而名至仁者不爲也今天油然作雲沛然下雨則苗草興起莫之能禦今爲一信施一人猶爲一塊上下雨也生亦不生之矣遂歷階而去文公求之不得終身誦甫田之詩

邴吉有陰德於孝宣皇帝微時孝宣皇帝即位衆莫知吉亦不言吉從大將軍長史轉遷至御史大夫宣帝聞之將封之會吉病甚將使人加紳而封之及其生也太子太傅夏侯勝曰此未死也臣聞之有陰德者必饗其樂以及其子孫

今此未獲其樂而病甚非其死病也後病果愈封為博陽侯終饗其樂

魏文侯攻中山樂羊將已得中山還反報文侯有喜功之色文侯命主書曰群臣賓客所獻書操以進主書者舉兩篋以進令將軍視之盡難攻中山之事也將軍還走北面而再拜曰中山之舉也非臣之力君之功也

平原君既歸趙楚使春申君將兵救趙魏信陵君亦矯奪晉鄙軍往救趙未至秦急圍邯鄲邯

卷六 子部 三行
一行宋廿二行本 一人言
北宋廿四行本

不爲也今夫油
起莫之能禦今爲
也生亦不生之
侍終身誦甫田之詩
時孝宣皇帝即位
長史轉遷至御
病甚將使人加
夏侯勝曰此未
其樂以及其子孫

三百十字 曉齋

今此未獲其樂而病甚非其死病也後病果愈
封為博陽侯終饗其樂

魏文侯攻中山樂羊將已得中山還反報文侯
有喜功之色文侯命主書曰群臣賓客所獻書
操以進主書者舉兩篋以進令將軍視之盡難
攻中山之事也將軍還走北面而再拜曰中山
之舉也非臣之力君之功也

平原君既歸趙楚使春申君將兵救趙魏信陵
君亦矯奪晉鄙軍往救趙未至秦急圍邯鄲邯

鄲急且降　平原君患之邯鄲傳舍吏子李談謂
平原君曰君不憂趙亡乎平原君曰趙亡即勝
虜何為不憂李談曰邯鄲之民炊骨易子而食
之可謂至困而君之後宮百數婦妾荷綺縠廚
餘粱肉士民兵盡或剡木為矛戟而君之器物
鐘磬自恣若使秦破趙君安得有此使趙而全
君何患無有君誠能令夫人以下編於士卒間
分功而作之家所有盡散以饗食士方其危苦
時易為惠耳於是平原君如其計而勇敢之士

三千人皆出死因從李談赴秦軍秦軍為卻三十里亦會楚魏救至秦軍遂罷李談死封其父為孝侯

秦繆公嘗出而亡其駿馬自往求之見人已殺其馬方共食其肉繆公謂曰是吾駿馬也諸人皆懼而起繆公曰吾聞食駿馬肉不飲酒者殺人即以次飲之酒殺馬者皆慙而去居三年晉攻秦繆公圍之往時食馬肉者相謂曰可以出死報食馬得酒之恩矣遂潰圍繆公卒得以解

巻六 六葉のりあり
至昭 原廿六本 困 梁 年廿六本 粱

傳舍吏子李談謂
原君曰趙亡即勝
民炊骨易子而食
數婦妾荷綺縠廚
矛戟而君之器物
得有此使趙而全
以下編於士卒間
饗食士方其危苦
其計而勇敢之士

三千人皆出死因從李談赴秦軍秦軍為却三十里亦會楚魏救至秦軍遂罷李談死封其父為孝侯

秦繆公嘗出而亡其駿馬自往求之見人已殺其馬方共食其肉繆公謂曰是吾駿馬也諸人皆懼而起繆公曰吾聞食駿馬肉不飲酒者殺人即以次飲之酒殺馬者皆慙而去居三年晉攻秦繆公圍之往時食馬肉者相謂曰可以出死報食馬得酒之恩矣遂潰圍繆公卒得以解

難勝晉權患公以飾此德出而福反也
楚莊王賜群臣酒日暮酒酣燈燭滅乃有人引
美人之衣者美人援絶其冠纓告王曰今者燭
滅有引妾衣者妾援得其冠纓持之趣火來上
視絶纓者王曰賜人酒使醉失禮柰何欲顯婦
人之節而辱士乎乃命左右曰今日與寡人飲
不絶冠纓者不懽群臣百有餘人皆絶去其冠
纓而上火卒盡懽而罷居二年晉與楚戰有一
臣常在前五合五獲首卻敵卒得勝之莊王怪

而問曰寡人德薄又未嘗異子子何故出死不
疑如是對曰臣當死往者醉失禮王隱忍不暴
而誅也臣終不敢以蔭蔽之德而不顯報王也
常願肝腦塗地用頸血湔敵久矣臣乃夜絶纓
者也遂斥晉軍楚得以強此有陰德者必有陽
報也

趙宣孟將上之絳見翳桑下有臥餓人不能動
宣孟止車爲之下飡自含而餔之餓人再咽而
能視宣孟問爾何爲饑若此對曰臣宦於絳歸

難勝晉者忠公以歸此德出而福反也

楚莊王賜群臣酒日暮酒酣燈燭滅乃有人引美人之衣者美人援絶其冠纓告王曰今者燭滅有引妾衣者妾援得其冠纓持之趣火來上視絶纓者王曰賜人酒使醉失禮柰何欲顯婦人之節而辱士乎乃命左右曰今日與寡人飲不絶冠纓者不懽群臣百有餘人皆絶去其冠纓而上火卒盡懽而罷居二年晉與楚戰有一臣常在前五合五獲首卻敵卒得勝之莊王怪

卷二 七葉 四二行 隱忠不暴 宋廿二行本 忍

卷六 七葉 四行 餓 宋廿二行本 飢 宦 宋 臣

何故出死不
王隱忠不暴
不顯報王也
臣乃夜絶纓
德者必有陽
餓人不能動
餓人再咽而
臣官於絳歸

而糧絕羞行乞而憎自取以故至若此宣孟與之壺飧脯二朐再拜頓首受之不敢食問其故對曰向者食之而美臣有老母將以貢之宣孟曰子斯食之吾更與汝乃復爲之簞食以脯二束與錢百去之絳居三年晉靈公欲殺宣孟置伏士於房中召宣孟而飲之酒宣孟知之中飲而出靈公令房中士疾追殺之一人追疾先及宣孟見宣孟之面曰吁固是君耶請爲君反死宣孟曰子名爲誰及走且對曰何以名爲臣是

夫桑下之餓人也還鬬而死宣孟得以活此所謂德惠也故惠君子君子得其福惠小人小人盡其力夫德一人活其身而況置惠於萬人乎故曰德無細怨無小豈可無樹德而除怨務利於人哉利出者福反怨往者禍來刑於內者怨於外不可不慎也此書之所謂德無小者也詩云赳赳武夫公侯干城濟濟多士文王以寧人君胡可不務愛士乎

孝景時吳楚反袁盎以太常使吳吳王欲使將

卷七之六 一葉九行
及走字反走

若此宣子孟與
敢食問其故
以貢之宣孟
簞食以脯二
欲殺宣孟置
孟知之中飲
人追疾先及
請爲君反死
以名爲臣是

夫桑下之餓人也還鬬而死宣孟得以活此所
謂德惠也故惠君子君子得其福惠小人小人
盡其力夫德一人活其身而況置惠於萬人乎
故曰德無細怨無小豈可無樹德而除怨務利
於人哉利出者福反怨往者禍來刑於内者應
於外不可不慎也此書之所謂德無小者也詩
云赳赳武夫公侯干城濟濟多士文王以寧人
君胡可不務愛士乎

孝景時吳楚反袁盎以太常使吳吳王欲使將

不肯欲殺之使一都尉以五百人圍守盎盎爲吴相時從史與盎侍兒私通盎知之不泄遇之如故人有告從史從史懼亡歸盎自追遂以侍兒賜之復爲從史及盎使吴見圍守從史適爲守盎校司馬夜引盎起曰君可以去矣吴王期旦日斬君盎不信曰公何爲者也司馬曰臣故爲君從史盜侍兒者也盎乃驚謝曰公有親吾不足以累公司馬曰君去臣亦且亡避吾親君何患乃以刀决帳醉從卒道出分背去盎遂歸報

智伯與趙襄子戰於晉陽下而死智伯之臣豫讓者怒以其精氣能使襄主動心乃漆身變形吞炭更聲襄主將出豫讓僞爲死人處於梁下駟馬驚不進襄主動心使使視梁下得豫讓襄主重其義不殺也又盜爲抵罪被刑人赭衣入繕宮襄主動心則曰必豫讓也襄主執而問之曰子始事中行君智伯殺中行君子不能死還反事之今吾殺智伯乃漆身爲厲吞炭爲啞欲殺寡人何與先行異也豫讓曰中行君衆人畜

不肯欲殺之使一都尉以五百人圍守盎盎爲吳相時從史與盎侍兒私通盎知之不泄遇之如故人有告從史從史懼亡歸盎自追遂以侍兒賜之復爲從史及盎使吳見圍守從史適爲守盎校司馬夜引盎起曰君可以去矣吳王期旦日斬君盎不信曰公何爲者也司馬曰臣故爲君從史盜侍兒者也盎乃驚謝曰公有親吾不足以累公司馬曰君去臣亦且亡避吾親君何患乃以刀决帳醉從卒道出分背去盎遂歸報

卷二 九葉 [illegible] 十葉 [illegible] 宋本

襄主執 弟子 豫讓 [illegible] 讓

死智伯之臣豫
讓心乃漆身變形
為死人處於梁下
梁下得豫讓襄
被刑人赭衣入
襄主執而問之
君子不能死還
為厲吞炭爲啞欲
中行君衆人畜

九

臣臣亦衆人事之智伯朝士待臣臣亦朝士爲之用襄子曰非義也子壯士也乃自置車庫中水漿毋入口者三日以禮豫讓自知遂自殺也

晉逐欒盈之族命其家臣有敢從者死其臣曰辛俞從之吏得而將殺之君曰命女無得從敢從何也辛俞對曰臣聞三世仕於家者君之二世者主之事君以死事主以勤爲其賜之多也今臣三世於欒民受其賜多矣臣敢畏死而忘三世之恩哉晉君釋之

留侯張良之大父開地相韓昭侯宣惠王襄哀王父平相釐王悼惠王悼惠王二十三年平卒二十歲秦滅韓良年少未宦事韓韓破良家童三百人弟死不葬良悉以家財求刺客刺秦王爲韓報仇以大父父五世相韓故遂學禮淮陽東見滄海君得力士爲鐵椎重百二十斤秦皇帝東游良與客狙擊秦皇帝於愽浪沙誤中副車秦皇帝大怒大索天下求購甚急良更易姓名深亡匿後卒隨漢報秦

巻六 十葉ニアリ

臣聞 宋臣 民ニアリ 民愛宗氏

臣臣亦朝士爲
乃自置車庫中
自知遂自殺也
從者死其臣曰
命女無得從敢
於家者君之二
爲其賜之多也
大臣敢畏死而忘

卷六十葉後三行 日本
官字廿一行 官 設 誤

相侯宣惠王襄哀
王二十三年平卒
事韓韓破良家童
弟求刺客刺秦王
故遂學禮淮陽東
百二十斤秦皇帝
博浪沙設中副車
甚急良更易姓名

鮑叔死管仲舉上衽而哭之泣下如雨從者曰非君父子也此亦有説乎管仲曰非夫子所知也吾嘗與鮑子負販於南陽吾三辱於市鮑子不以我爲怯知我之欲有所明也鮑子嘗與我有所説王者而三不見聽鮑子不以我爲不肖知我之不遇明君也鮑子嘗與我臨財分貨吾自取多者三鮑子不以我爲貪知我之不足於財也生我者父母知我者鮑子也士爲知已者死而况爲之哀乎

晉趙盾舉韓厥晉君以爲中軍尉趙盾死子朔嗣爲卿至景公三年趙朔爲晉將朔取成公姊爲夫人大夫屠岸賈欲誅趙氏初趙盾在時夢見叔帶持龜要而哭甚悲已而笑拊手且歌盾卜之占兆絶而後好趙史援占曰此甚惡非君之身及君之子然亦君之咎也至子趙朔世益衰屠岸賈者始有寵於靈公及至於晉景公而賈爲司寇將作難乃治靈公之賊以致趙盾徧告諸將曰趙穿弒靈公盾雖不知猶爲首賊且

殺君子孫在朝何以懲罪請誅之韓厥曰靈公
遇賊趙盾在外吾先君以爲無罪故不誅今諸
君將誅其後是非先君之意而後妄誅妄誅謂
之亂臣有大事而君不聞是無君也屠岸賈不
聽厥告趙朔趨亡趙朔不肯曰子必不絕趙祀
朔死且不恨韓厥許諾稱疾不出賈不請而擅
與諸將攻趙氏於下宫殺趙朔趙括趙嬰齊皆
滅其族朔妻成公姊有遺腹走公宫匿後生男
乳朔客程嬰持亡匿山中居十五年晉景公疾

上之曰大業之後不遂者爲祟景公疾問韓厥韓厥知趙孤在乃曰大業之後在晉絕祀者其趙氏乎夫自中衍皆嬴姓也中衍人面鳥喙降佐殷帝大戊及周天子皆有明德下及幽厲無道而叔帶去周適晉事先君文侯至于成公世有立功未嘗有絕祀今及吾君獨滅之趙宗國人哀之故見龜策唯君圖之景公問趙尚有後子孫乎韓厥具以實對於是景公乃與韓厥謀立趙孤兒召而匿之宮中諸將入問疾景公

殺君子孫在朝何以懲罪請誅之韓厥曰靈公遇賊趙盾在外吾先君以爲無罪故不誅今諸君將誅其後是非先君之意而後妄誅妄誅謂之亂臣有大事而君不聞是無君也屠岸賈不聽厥告趙朔趨亡趙朔不肯曰子必不絕趙祀朔死且不恨韓厥許諾稱疾不出賈不請而擅與諸將攻趙氏於下宮殺趙朔趙括趙嬰齊皆滅其族朔妻成公姊有遺腹走公宮匿後生男乳朔客程嬰持亡匿山中居十五年晉景公疾

巻七 十二葉ノ目ニアリ

景公疾問韓厥
在晉絶祀者其
衍人面鳥喙降
德下及幽厲無
侯至于成公世
獨滅之趙宗國
公問太趙尚有
是景公乃與韓厥
將入問疾景公

因韓厥之衆以脅諸將而見趙孤孤名曰武諸將不得已乃曰昔下宫之難屠岸賈爲之矯以君令并命群臣非然孰敢作難微君之疾群臣固且請立趙後今君有令群臣之願也於是召趙武程嬰徧拜諸將軍將軍遂返與程嬰趙武攻屠岸賈滅其族復與趙武田邑如故故人安可以無恩夫有恩於此攻復於彼非程嬰則趙孤不全非韓厥則趙後不復韓厥可謂不忘恩矣蘧伯玉得罪於衛君走而之晉晉大夫有木門

子高者蘧伯玉舍其家居二年衛君赦其罪而反之木門子高使其子迎之至於境蘧伯玉曰鄙夫之子反矣木門子高後得罪於晉君歸蘧伯玉伯玉言之衛君曰晉之賢大夫木門子高得罪於晉君願君禮之於是衛君郊迎之竟以爲卿

北郭騷踵見晏子曰竊悅先生之義願乞所以養母者晏子使人分倉粟府金而遺之辭金而受粟有閒晏子見疑於景公出犇北郭子召其

孤孤名曰武諸
岸賈為之矯以
徵君之疾群臣
之願也於是召
返與程嬰趙武
邑如故故人安
彼非程嬰則趙
可謂不忘恩矣
晉大夫有木門

子高者蘧伯玉舍其家居二年衛君赦其罪而
反之木門子高使其子迎之至於境蘧伯玉曰
鄙夫之子反矣木門子高後得罪於晉君歸蘧
伯玉伯玉言之衛君曰晉之賢大夫木門子高
得罪於晉君願君禮之於是衛君郊迎之竟以
為卿
北郭騷踵見晏子曰竊悅先生之義願乞所以
養母者晏子使人分倉粟府金而遺之辭金而
受粟有閒晏子見疑於景公出犇北郭子召其

友而告之曰吾悅晏子之義而嘗乞所以養母者吾聞之曰養及親者身更其難今晏子見疑吾將以身白之遂造公庭求復者曰晏子天下之賢者也今去齊國齊國必侵矣方必見國之侵也不若先死請絕頸以白晏子逡巡而退因自殺也公聞之大駭乘馳而自追晏子及之國郊請而反之晏子不得已而反之聞北郭子之以死白己也大息而嘆曰嬰不肖罪過固其所也而士以身明之哀哉

吳赤市使於智氏假道於衛甯文子具紵絺三
百製將以送之大夫豹曰吳雖大國也不壤交
假之道則亦敬矣文何禮焉甯文子不聽遂致
之吳赤市至於智氏既得事將歸吳智伯命造
舟為梁吳赤市曰吾聞之天子濟於水造舟為
梁諸侯維舟為梁大夫方舟方舟臣之職也且
敬大甚必有故使人視之視則用兵在後矣將
以襲衛吳市曰衛假吾道而厚贈我我見難而
不告是與為謀也稱疾而留使人告衛衛人警

友而告之曰吾悅晏子之義而嘗乞所以養母者吾聞之曰養及親者身更其難今晏子見疑吾將以身白之遂造公庭求復者曰晏子天下之賢者也今去齊國齊國必侵矣方必見國之侵也不若先死請絕頸以白晏子逡巡而退因自殺也公聞之大駭乘馳而自追晏子及之國郊請而反之晏子不得已而反之聞北郭子之以死白己也太息而嘆曰嬰不肖罪過固其所也而士以身明之哀哉

文子具紵絺三
大國也不壞交
文子不聽遂致
歸吴智伯命造
濟於水造舟為
舟臣之職也且
用兵在後矣將
贈我我見難而
人告衛衛人警

戒智伯聞之乃止

楚魏會於晉陽將以伐齊齊王患之使人召淳于髡曰楚魏謀欲伐齊願先生與寡人共憂之淳于髡大笑而不應王復問之又復大笑而不應三問而不應王怫然作色曰先生以寡人國為戲乎淳于髡對曰臣不敢以王國為戲也臣隣之祠田也以奩飯與一鮒魚其祝曰下田洿邪得穀百車蟹堁者宜禾臣笑其所以祠者少而所求者〻多王曰善賜之千金革車百乘立為

上卿

陽虎得罪於衛北見簡子曰自今以來不復樹人矣簡子曰何哉陽虎對曰夫堂上之人臣所樹者過半朝庭之吏臣所立者亦過半矣邊境之士臣所立者亦過半矣今夫堂上之人親却臣於君朝朝廷之吏親危臣於邊境之士親劫臣於兵簡子曰唯賢者為能報恩不肖者不能夫樹桃李者夏得休息秋得食焉樹蒺藜者夏不得休息秋得其刺焉今子之所樹者蒺藜也

戒智伯聞之乃止

楚魏會於晉陽將以伐齊齊王患之使人召淳于髡曰楚魏謀欲伐齊願先生與寡人共憂之淳于髡大笑而不應王復問之又復大笑而不應三問而不應王怫然作色曰先生以寡人國為戲乎淳于髡對曰臣不敢以王國為戲也臣隣之祠田也以奩飯與一鮒魚其祝曰下田洿邪得穀百車蟹堁者宜禾臣笑其所以祠者少而所求者多王曰善賜之千金革車百乘立為

巻六 十五葉 四行
於君朝朝 宋サニリ本 無上朝字
危臣於邊字 宋本有邊

巻六 十五葉 四行まで
蒺藜也 宋サニリ本 多非桃李也の字

以來不復樹
上之人臣所
過乎矣邊境
上之人親刦
邊境之士親刦
恐不肖者不能
爲樹蒺藜者夏
樹者蒺藜也

自今以來擇人而樹毋已樹而擇之
東閭子嘗富貴而後乞人問之曰公何爲如是
曰吾自知吾嘗相六七年未嘗貴一人也吾嘗
富三千萬者再未嘗富一人也不知士出身之
咎然也孔子曰物之難矣小大多少各有怨惡
數之理也人而得之在於外假之也
魏文侯與田子方語有兩僮子衣青白衣而侍
於君前子方曰此君之寵子乎文侯曰非也其
父死於戰此其幼孤也寡人收之子方曰臣以

君之賊心爲是矣今滋甚君之寵此子也又且以讙之父知殺之乎文侯愍然曰寡人受令矣自是以後兵革不用

吳起爲魏將攻中山軍人有病疽者吳子自吮其膿其母泣之旁人曰將軍於而子如是尚何爲泣對曰吳子吮此子父之創而殺之於注水之戰戰不旋踵而死今又吮之安知是子何戰而死是以哭之矣

齊懿公之爲公子也與邴歜之父爭田不勝及

即位乃掘而刖之而使歜爲僕奪庸織之妻而
使織爲參乘公游于申池二人浴於池歜以鞭
抶織織怒歜曰人奪女妻而不敢怒一抶女庸
何傷織曰孰與刖其父而不病奚若乃謀殺公
納之竹中

楚人獻黿於鄭靈公公子家見公子宋之食指
動謂子家曰我如是必嘗異味及食大夫黿召
公子宋而不與公子宋怒染指於鼎嘗之而出
公怒欲殺之公子宋與公子家謀先遂弑靈公

子夏曰春秋者記君不君臣不臣父不父子不子者也此非一日之事也有漸以至焉

說苑卷第六

卷二 左葉一行 極 廿二行本極

奪庸職之妻而
於池歜以鞭
敢怒一抶女庸
奚若乃謀殺公
一
公子宋之食指
及食大夫黿召
於鼎嘗之而出
先遂弒靈公

子夏曰春秋者記君不君臣不臣父不父子不子者也此非一日之事也有漸以至焉

說苑卷第六

說苑卷第七

鴻嘉四年三月己亥護左都水使者光祿大夫臣劉向上

政理

政有三品王者之政化之霸者之政威之彊者之政脅之夫此三者各有所施而化之為貴矣夫化之不變而後威之威之不變而後脅之脅之不變而後刑之夫至於刑者則非王者之所貴也是以聖王先德教而後刑罰立榮耻而明防禁崇禮義之節以示之賤貨利之弊以變之

三百八十六

修近理内政撅機之禮壹妃匹之際則莫不慕義禮之榮而惡貪亂之耻其所由致之者化使然也

季孫問於孔子曰如殺無道以就有道何如孔子曰子為政焉用殺子欲善而民善矣君子之德風也小人之德草也草上之風必偃言明其化而已也治國有二機刑德是也王者尚其德而希其刑霸者刑德並湊強國先其刑而後德夫刑德者化之所由興也德者養善而進闕者

也刑者懲惡而禁後者也故德化之崇者至於賞刑罰之甚者至於誅夫誅賞者所以別賢不肖而列有功與無功也故誅賞不可以繆誅賞繆則善惡亂矣夫有功而不賞則善不勸有過而不誅則惡不懼善不勸而能以行化乎天下者未嘗聞也書曰畢力賞罰此之謂也

水濁則魚困令苛則民亂城峭則必崩岸竦則必阤故夫治國譬若張琴大絃急則小絃絶矣故曰急轡銜者非千里御也有聲之聲不過百

里無聲之聲延及四海故禄過其功者損名過其實者削情行合而民副之禍福不虛至矣詩云何其處也必有與也何其亡也必有以也此之謂也

公叔文子爲楚令尹三年民無敢入朝公叔子見曰嚴矣文子曰朝廷之嚴也寧云妨國家之治哉公叔子曰嚴則下喑下喑則上聾聾喑不能相通何國之治也蓋聞之也順針縷者成帷幕合升斗者實倉廩并小流而成江海明主者

有所受命而不行未嘗有所不受也

衛靈公謂孔子曰有語寡人為國家者謹之於廟堂之上而國家治矣其可乎孔子曰可愛人者則人愛之惡人者則人惡之知得之己者亦知得之人所謂不出於環堵之室而知天下者知反之己者也

子貢問治民於孔子孔子曰懔懔焉如以腐索御奔馬子貢曰何其畏也孔子曰夫通達之國皆人也以道導之則吾欲也不以道導之則吾

雝也、若何而無毋畏、

齊桓公謂管仲曰、吾欲舉事於國、昭然如日月、無愚夫愚婦皆曰善、可乎、仲曰、可、然非聖人之道、桓公曰、何也、對曰、夫短綆不可以汲深井、知鮮不可以與聖人之言、惠士可與辯物、智士可與辯無方、聖人可與辯神明、夫聖人之所為、非衆人之所及也、民知十已、則尚與之爭、曰不如吾也、百已、則疵其過、千已、則誰而不信、是故民不可稍而掌也、可并而牧也、不可暴而殺也、可

二百九十七字　樹祥

麾而致也衆不可户說也可舉而示也

衛靈公問於史鰌曰政孰為務對曰大理為務聽獄不中死者不可生也斷者不可屬也故曰大理為務子路見公公以史鰌言告之子路曰司馬為務少焉兩國有難兩軍相當司馬執枹以行之一鬬不當死者數萬以殺人為非也此其為殺人亦衆矣故曰司馬為務少焉子貢入見公公以二子言告之子貢曰不識哉昔禹與有扈氏戰三陳而不服禹於是脩教一年而有扈

氏請服故曰去民之所事奚獄之所聽兵革之不陳奚鼓之所鳴故曰教為務也

齊桓公出獵逐鹿而走入山谷之中見一老公而問之曰是為何谷對曰為愚公之谷桓公曰何故對曰以臣名之桓公曰今視公之儀狀非愚人也何為以公名對曰臣請陳之臣故畜牸牛生子而大賣之而買駒少年曰牛不能生馬遂持駒去傍鄰聞之以臣為愚故名此谷為愚公之谷桓公曰公誠愚矣夫何為而與之桓公

遂歸明日朝以告管仲管仲正衿再拜曰此夷吾之愚也使堯在上咎繇爲理安有取人之駒者乎若有見暴如是叟者又必不與也公知獄訟之不正故與之耳請退而脩政孔子曰弟子記之桓公霸君也管仲賢佐也猶有以智爲愚者也況不及桓公管仲者也

魯有父子訟者康子曰殺之孔子曰未可殺也夫民不知子父訟之不善者久矣是則上過也上有道是人亡矣康子曰夫治民以孝爲本今

殺一人以戮不孝不亦可乎孔子曰不孝而誅
之是虐殺不辜也三軍大敗不可誅也獄訟不
治不可刑也上陳之教而先服之則百姓從風
矣躬行不從而后俟之以刑則民知罪矣夫一
仞之牆民不能踰百仞之山童子升而遊焉凌
遲故也今是仁義之凌遲久矣能謂民弗踰乎
詩曰俾民不迷昔者君子導其百姓不使迷是
以威厲而不至刑錯而不用也於是訟者聞之
乃請無訟

魯哀公問政於孔子對曰政有使民富且壽哀
公曰何謂也孔子曰薄賦歛則民富無事則遠
罪遠罪則民壽公曰若是則寡人貧矣孔子曰
詩云凱悌君子民之父母未見其子富而父母
貧者也
文王問於呂望曰爲天下若何對曰王國富民
霸國富士僅存之國富大夫亡道之國富倉府
是謂上溢而下漏文王曰善對曰宿善不祥是
日也發其倉府以振鰥寡孤獨

武王問於太公曰治國之道若何太公對曰治國之道愛民而已曰愛民若何曰利之而勿害成之勿敗生之勿殺與之勿奪樂之勿苦喜之勿怒此治國之道使民之義也愛之而已矣民失其所務則害之也農失其時則敗之也有罪者重其罰則殺之也重賦斂者則奪之也多徭役以罷民力則苦之也勞而擾之則怒之也故善爲國者遇民如父母之愛子兄之愛弟聞其飢寒爲之哀見其勞苦爲之悲

武王問於太公曰賢君治國何如對曰賢君之治國其政平其吏不苛其賦斂節其自奉薄不以私善害公法賞賜不加於無功刑罰不施於無罪不因喜以賞不因怒以誅害民者有罪進賢舉過者有賞後宮不荒女謁不聽上無婬慝下不陰害不幸宮室以費財不多觀游臺池以罷民不彫文刻鏤以逞耳目官無腐蠹之藏國無流餓之民此賢君之治國也武王曰善哉

武王問於太公曰爲國而數更法令者何也太

公曰爲國而數更法令者不法法以其所善爲法者也故令出而亂亂則更爲法是以其法令數更也

成王問政於尹逸曰吾何德之行而民親其上對曰使之以時而敬順之忠而愛之布令信而不食言王曰其度安至對曰如臨深淵如履薄冰王曰懼哉對曰天地之間四海之内善之則畜也不善則讎也夏殷之臣反讎桀紂而臣湯武夙沙之民自攻其主而歸神農氏此君之所

明知也若何其無懼也
仲尼見梁君梁君問仲尼曰吾欲長有國吾欲
列都之得吾欲使民安不惑吾欲使士竭其力
吾欲使日月當時吾欲使聖人自來吾欲使官
府治爲之柰何仲尼對曰千乘之君萬乘之主
問於丘者多矣未嘗有如主君問丘之術也然
而盡可得也丘聞之兩君相親則長有國君惠
臣忠則列都之得毋殺不辜毋釋罪人則民不
惑益士祿賞則竭其力尊天敬鬼則日月當時

善爲刑罰則聖人自來尚賢使能則官府治梁
君曰豈有不然哉
子貢曰葉公問政於夫子夫子曰政在附近而
來遠魯哀公問政於夫子夫子曰政在於諭臣
齊景公問政於夫子夫子曰政在於節用三君
問政於夫子夫子應之不同然則政有異乎孔
子曰夫荆之地廣而都狹民有離志焉故曰在
於附近而來遠哀公有臣三人内比周公以惑
其君外鄣距諸侯賓客以蔽其明故曰政在諭

臣齊景公奢於臺榭淫於苑囿五官之樂不解一旦而賜人百乘之家者三故曰政在於節用此三者政也詩不云乎亂離斯瘼爰其適歸此傷離散以為亂者也匪其止共惟王之邛此傷姦臣蔽主以為亂者也相亂蔑資曾莫惠我師此傷奢侈不節以為亂者也察此三者之所欲政其同乎哉

公儀休相魯魯君死左右請閉門公儀休曰止池淵吾不稅蒙山吾不賦苛令吾不布吾已閉

心矣何閉於門哉
子產相鄭簡公謂子產曰內政毋出外政毋入
夫衣裘之不美車馬之不飾子女之不潔寡人
之醜也國家之不治封疆之不正夫子之醜也
子產相鄭終簡公之身內無國中之亂外無諸
侯之患也子產之從政也擇能而使之馮簡子
善斷事子太叔善決而文公孫揮知四國之為
而辨於其大夫之族姓變而立至又善為辭令
裨諶善謀於野則獲於邑則否有事乃載裨諶

與之適野使謀可否而告馮簡子斷之使公孫
揮為之辭令成乃受子大叔行之以應對賓客
是以鮮有敗事也
董安于治晉陽問政於蹇老蹇老曰忠曰信
曰敢董安于曰安忠乎曰忠於主曰安信乎曰
信於令曰安敢乎曰敢於不善人董安子曰此
三者足矣
魏文侯使西門豹往治於鄴告之曰必全功成
名布義豹曰敢問全功成名布義為之柰何文

侯曰子往矣是無邑不有賢豪辯博者也無邑不有好揚人之惡蔽人之善者也往必問豪賢者因而親之其辯博者因而師之問其好揚人之惡蔽人之善者因而察之不可以特聞從事夫耳聞之不如目見之目見之不如足踐之足踐之不如手辨之人始入官如入晦室久而愈明明乃治治乃行

宓子賤治單父彈鳴琴身不下堂而單父治巫馬期亦治單父以星出以星入日夜不處以身

親之而單父亦治巫馬期問其故於宓子賤宓
子賤曰我之謂任人子之謂任力任力者固勞
任人者固佚人曰宓子賤則君子矣佚四枝全
耳目平心氣而百官治任其數而已矣巫馬期
則不然弊性事情勞煩教詔雖治猶未至也
孔子謂宓子賤曰子治單父而衆說語立所以
爲之者曰不齊父其父子其子恤諸孤而哀喪
紀孔子曰善小節也小民附矣猶未足也曰不
齊也所父事者三人所兄事者五人所友者十

一人孔子曰父事三人可以教孝矣兄事五人可以教弟矣友十一人可以教學矣中節也中民附矣猶未足也曰此地民有賢於不齊者五人不齊事之皆教不齊所以治之術孔子曰欲其大者乃於此在矣昔者堯舜清微其身以聽觀天下務來賢人夫舉賢者百福之宗也而神明之主也不齊之所治者小也不齊所治者大其堯舜繼矣

宓子賤爲單父宰辭於夫子夫子曰毋迎而距

也毋望而許也許之則失守距之則閉塞譬如高山深淵仰之不可極度之不可測也子賤曰善敢不承命乎宓子賤爲單父宰過於陽晝子亦有以送僕乎陽晝曰吾少也賤不知治民之術有釣道二焉請以送子子賤曰釣道奈何陽晝曰夫扱綸錯餌迎而吸之者陽橋也其爲魚薄而不美若存若亡若食若不食者魴也其爲魚也博而厚味宓子賤曰善於是未至單父冠蓋迎之者交接於道子賤曰車驅之車驅之

夫陽晝之所謂陽橋者至矣於是至單父請其
耆老尊賢者而與之共治單父
孔子弟子有孔蔑者與宓子賤皆仕孔子往過
孔蔑問之曰自子之仕者何得何亡孔蔑曰自
吾仕者未有所得而有所亡者三曰王事若襲
學焉得習以是學不得明也所亡者一也奉祿
少鬻鬻不足及親戚親戚益疏矣所亡者二也
公事多急不得弔死視病是以朋友益疏矣所
亡者三也孔子不說而復往見子賤曰自子之

仕何得何亡子賤曰自吾之仕未有所亡而所得者三始誦之文今履而行之是學日益明也所得者一也奉祿雖少鬻鬻得及親戚是以親戚益親也所得者二也公事雖急夜勤弔死視病是以朋友益親也所得者三也孔子謂子賤曰君子哉若人君子哉若人魯無君子也斯焉取斯

晏子治東阿三年景公召而數之曰吾以子爲可而使子治東阿今子治而亂子退而自察也

寡人將加大誅于子晏子對曰臣請改道易行
而治東阿三年不治臣請死之景公許之於是
明年上計景公迎而賀之曰甚善矣子之治東
阿也晏子對曰前臣之治東阿也屬託不行貨
賂不至陂池之魚以利貧民當此之時民無飢
者而君反以罪臣今臣後之治東阿也屬託行
貨賂至并會賦斂倉庫少内便事左右陂池之
魚入於權家當此之時飢者過半矣君乃反迎
而賀臣愚不能復治東阿願乞骸骨避賢者之

跪再拜便僻景公乃下席而謝之曰子強復治東阿東阿者子之東阿也寡人無復與焉

子路治蒲見於孔子曰由願受教孔子曰蒲多壯士又難治也然吾語汝恭以敬可以攝勇寬以正可以容衆恭以絜可以親上

子貢爲信陽令辭孔子而行孔子曰力之順之因子之時無奪無伐無暴無盜子貢曰賜少而事君子君子固有盜者邪孔子曰夫以不肖伐賢是謂奪也以賢伐不肖是謂伐也緩其令急

其誅是謂暴也取人吾以自爲己是謂盜也君子之盜豈必當時幣乎吾聞之曰知爲吏者奉法利民不知爲吏者枉法以侵民此皆怨之所由生也臨官莫如平臨財莫如廉廉平之守不可攻也匿人之善者是謂蔽賢也揚人之惡者是謂小人也不内相教而外相謗者是謂不足親也言人之善者有所得而無所亡傷也言人之惡者無所得而有所傷也故君子慎言語矣毋先己而後人擇言出之令口如耳

其父有功而祿其子無功而食之出則乘車馬衣美裘以爲榮華入則脩竽瑟鍾石之聲而安其子女之樂以亂鄉曲之教如此者奪其祿以來四方之士此之謂奪淫民也

齊桓公問於管仲曰國何患管仲對曰患夫社鼠桓公曰何謂也管仲對曰夫社束木而塗之鼠因往託焉燻之則恐燒其木灌之則恐敗其塗此鼠所以不可得殺者以社故也夫國亦有社鼠人主左右是也内則蔽善惡於君上外則

貴權重於百姓不誅之則爲亂誅之則爲人主所察據腹而有之此亦國之社鼠也人有酤酒者爲器甚絜清置表甚長而酒酸不售問之里人其故里人云公之狗猛人挈器而入且酤公酒狗迎而噬之此酒所以酸不售之故也夫國亦有猛狗用事者也有道術之士欲明萬乘之主而用事者迎而齕之此亦國之猛狗也左右爲社鼠用事者爲猛狗則道術之士不得用矣此治國之所患也

齊侯問於晏子曰為政何患對曰患善惡之不分公曰何以察之對曰審擇左右左右善則百僚各得其所宜而善惡分孔子聞之曰此言也信矣善言進則不善無由入矣不進善言則善無由入矣復槀之君朝齊桓公問治民焉復槀之君不對而循口操衿抑心桓公曰與民共甘苦飢寒乎夫以我為聖人也故不用言而諭因禮之千金

晉文公時翟人有封孤文豹之皮者文公喟然

歎曰封狐文豹何罪哉以其皮爲罪也大夫欒枝曰地廣而不平財聚而不散獨非狐豹之罪乎文公曰善哉說之欒枝曰地廣而不平人將平之財聚而不散人將爭之於是列地以分民散財以賑貧

晉文侯問政於舅犯舅犯對曰分熟不如分腥分腥不如分地割以分民而益其爵祿是以上得地而民知富上失地而民知貧古之所謂致師而戰者其此之謂也

晉侯問於士文伯曰三月朔日有蝕之寡人學惛焉詩所謂彼日而蝕于何不臧者何也對曰不善政之謂也國無政不用善則自取謫於日月之災故不可不慎也政有三而已一曰因民二曰擇人三曰從時

延陵季子游於晉入其境曰嘻暴哉國乎入其都曰嘻力屈哉國乎立其朝曰嘻亂哉國乎從者曰夫子之入晉境未久也何其名之不疑也延陵季子曰然吾入其境田畝荒穢而不休雜

增崇高吾是以知其國之暴也吾入其都新室惡而故室美新墻卑而故墻高吾是以知其民力之屈也吾立其朝君能視而不下問其臣善伐而不上諫吾是以知其國之亂也
齊之所以不如魯者太公之賢不如伯禽伯禽與太公俱受封而各之國三年太公來朝周公問曰何治之疾也對曰尊賢先疏後親先義後仁也此霸者之迹也周公曰太公之澤及五世五年伯禽來朝周公問曰何治之難對曰親親

者先内後外先仁後義也此王者之迹也周公
曰魯之澤及十世故魯有王迹者仁厚也齊有
霸迹者武政也齊之所以不如魯也太公之賢
不如伯禽也
景公好婦人而丈夫飾者國人盡服之公使吏
禁之曰女子而男子飾者裂其衣斷其帶裂衣
斷帶相望而不止晏子見公曰寡人使吏禁女
子而男子飾者裂其衣斷其帶相望而不止者
何也對曰君使服之於内而禁之於外猶懸牛

首於門而求買馬肉也公胡不使內勿服則外
莫敢為也公曰善使內勿服不旋月而國莫之
服也
齊人甚好轂擊相犯以為樂禁之不止晏子患
之乃為新車良馬出與人相犯也曰轂擊者不
祥臣其祭祀不順君處不敬乎下車棄而去之
然後國人乃不為故曰禁之以制而身不先行
也民不肯止故化其心莫若教也
魯國之法魯人有贖臣妾於諸侯者取金於府

子貢贖人於諸侯而還其金孔子聞之曰賜失之矣聖人之舉事也可以移風易俗而教道可施於百姓非獨適其身之行也今魯國富者寡而貧者衆贖而受金則為不廉不受則後莫復贖自今以來魯人不復贖矣孔子可謂通於化矣故老子曰見小曰明

孔子見季康子康子未說孔子又見之宰予曰吾聞之夫子曰王公不聘不動今吾子之見司寇也少數矣孔子曰魯國以衆相凌以兵相暴

之日久矣而有司不冷聘我者孰大乎於是魯
人聞之曰聖人將治可以不先自爲刑罰乎自
是之後國無爭者孔子謂弟子曰違山十里蟪
蛄之聲猶尚存耳政事無如膺之矣古之魯俗
塗里之間羅門之羅收門之漁獨得於禮是以
孔子善之夫塗里之間富家爲貧者出羅門之
羅有親者取多無親者取少收門之漁有親者
取巨無親者取小
春秋曰四民均則王道興而百姓寧所謂四民

者士農工商也婚姻之道廢則男女之道悖

淫佚之路興矣

說苑卷第七

第二册目録

宋本説苑

（漢）劉向 撰

第二册

國家圖書館出版社